KB259783

천로역정의 부모들

천로역정의
부모들

초판발행일 | 2013년 10월 5일

지 은 이 | 신영백
펴 낸 이 | 배수현
디 자 인 | 박수정
제   작 | 송재호

펴 낸 곳 | 가나북스 www.gnbooks.co.kr
출 판 등 록 | 제393-2009-000012호
전   화 | 031) 408-8811(代)
팩   스 | 031) 501-8811

ISBN 978-89-94664-50-7(03370)

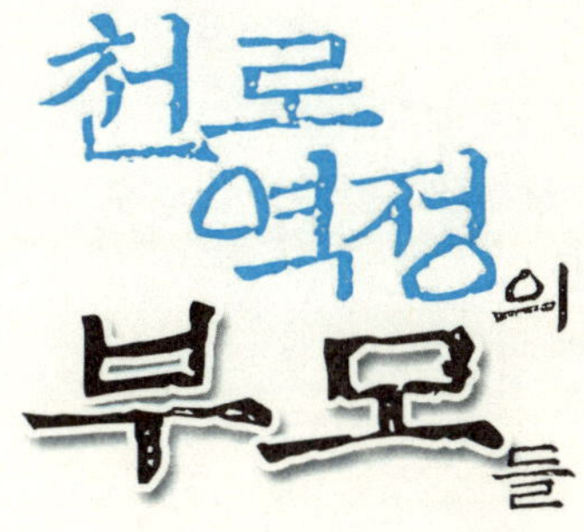

천로역정의 부모들

지은이 **신영백**

키드맘의 가이드북

왜 글로벌 아이며
천로역정의 부모여야 하는가?

자녀의 인격도야에 있어서 가정의 영향은
다른 모든 학교의 영향을
다 합한 것보다 더 큰 것이다. – 메이

본토(모국) 친척 아비집을 떠나
내가 네게 지시 할 땅(글로벌세계)으로 가라
(창12장1)

　　이 시대 아이들은 잘 구축된 초고속 정보 인프라를 통해 전 세계로 뻗어나가는 글로벌 인재들이다. 우리 아이들이 원하기만 하면 거대한 지식 보관소에 수시로 출입하면서 원하는 탐구를 할 수 있으며 세계 석학의 강의를 언제든지 들을 수도 있다. 디지털 시대의 아이들은 정보와 지식의 폭발로 부모들이 소유했던 시대의 것보다 몇 갑절 더 많은 양을 누리게 되었다.

부모는 더 이상 자녀와 지식에 대해서 논쟁하기도 버겁게 세상은 변해버렸다. 우리 부모의 역할은 다만 이 아이들이 바른 방향으로 바르게 가고 있는지와 욕구와 열정에 불을 지르는 것이다. 이 아이들의 사고나 변화가 얼마나 빠른지 아날로그 세대인 부모들은 혀를 찰 노릇이다. 아이들의 생각의 속도는 마치 밤사이 부모 모르게 나르는 토끼처럼 첨단 세상을 향해 가고 있다. 이와 반대로 아날로그 시대를 상징하는 거북이 같은 부모들은 혼신의 힘을 다해 자녀교육 목표달성의 고지를 향하여 전력질주 해보지만 역부족이다. 그리고 이 둘 사이 간격은 해가 갈수록 아득히 멀어져만 가고 있는 것이 현실이다.

그래서 이 책의 제목은 글로벌 시대를 살아가는 아이들에 대한 이야기를 주제로 삼았다. 그에 비해 부모들은 한 걸음 한 걸음 온갖 시행착오를 거처가면서 최후의 목적지를 향해서 힘겹게 달려가고 있는 천로역정 순례자의 모습을 띄고 있다. 이 책은 순애보적 모성애, 부성애로 세계에 유래 없는 **기러기 아빠, 헬리콥터 엄마라는** 말을 탄생 시킨 이 땅의 부모들을 향한 교육 네비게이션이요. 전인교육 지도서이다.

본 저서는 크게는 글로벌 세계로 향하는 미래의 우리 아이들이 목표로 갖추어야 할 역량과 자질이 무엇인지를 중심으로 삼았다. 지금의 교육 현안에 대한 문제점을 도출하고 전문가의 도움과 참조를 받으며 해결 방안을 제시하였다. 이를 가정에서 응용한다면 아이들에게 비록 서툴고 느린 걸음이긴 하지만 도움이 되리라 확신한다. 종전의 자녀 교육서에서 찾아보기 힘든 글로벌 세계가 필요로 하는 역량에 대한 교육 내용으로 독자의 심판을 받으려 한다.

지금 우리 모두에게는 자잘한 교육 방법이 문제가 아니며 전략의 선택과 집중 그리고 이의 실천이 문제라고 본다. 방법은 이미 시중에 여러 책에 다 나와 있지만 글로벌 시대 흐름을 예측하는 교육 전략은 보기 드물다. 이 책은 글로벌 사회 인재 양성을 목표로 한 큰 전략의 맥락에서 시작하고 끝을 맺을 것이다. 미래를 끌고 가는 흐름 중 하나가 교육과 과학 기술이며 그것을 움직이는 것은 미래의 인재들이라고 본다. 그 인재를 키워내는 곳은 가정과 학교이다.

그들 인재의 교육 동력과 글로벌 사회목적은 조화되어야 한다. 이 점에서 웬즐리와 아담스같은 교육학자처럼 나도 역시 그러한 선한 사회 목적 – 글로벌 사회에 조화되는 것에 동의한다.

　지금 우리의 교육 현실은 교육의 3주체(가정, 학교, 정부)들이 서로 상반된 입장에서 크게 갈등을 빚고 있다. 수많은 학부모들이 소득의 삼분의 일을 사교육비로 충당하면서부터 경제적인 발목이 잡히는가 하면 이로 인해 삶의 질은 곤두박질 치고 있다.

　최근 우리사회는 경제적, 심리적 부담을 느낀 젊은 층에서부터 곧바로 결혼 기피와 출산 거부 현상이 일어나고 그 여파로 급격한 인구 감소 현상은 노동력 감소로 이어지는 도미노현상을 보이고 있다. 이는 대한민국의 미래를 어둡게 하는 심각한 문제 - 대재앙이 아닐 수 없다.

　학부모들은 날마다 터져 나오는 학교 폭력, 왕따, 학생의 자살 사건 등으로 교육 현장을 불신하는 분위기다. 더 이상 공교육을 믿지 못하겠다는 학부형의 원성이 하늘을 찌른다. 그래서 일까, 부모가 직접 자녀들을 가르치겠다고 나서는 홈스쿨이나 대안학교가 우후죽순처럼 생겨나고 있다. 게다가 학부모들 중 상당수는 인성교육은 안중에 없고 명문대 입시 해결자로서 교과점수 상승을 위한 촉진자로서의 교사의 모습을 기대한다. 그래서 일까? 초등학교부터 학부모와 면담의 대다수의 내용은 "우리아이 공부 잘 하나요?"이다. 이것은 교육 현장에서 내가 겪고 들은 가감 없는 소리다.

또한 학교는 교사의 체벌금지법 발표 이후 학생들은 더 이상 교사의 말을 듣지 않고 있다. 학생 생활지도나 인성교육은 이미 손을 놓아버린 모습으로 학교는 진통을 겪고 있다. 그밖에 여러 가지 제도가 교사로서의 권위를 회복할 수 없도록 옥죄어 오고 있다.

사회적으로 힘이 없는 교사들은 열악한 환경 즉, 무지한 소수의 학생이나 학부형으로부터 수많은 위협과 압력에 시달리기도 한다. 그래서 일까? 해가 거듭될수록 명퇴하는 교사가 山(산)을 이룬다. 취업하기도 어려운데 무엇 때문에 신의 직장이라는 교직 생활을 포기하려 드는 것일까? 의식 있는 사람이라면 왜 그럴까, 한번쯤 생각해 보고 갈 일이다. 그러면서 차라리 보수도 근로조건도 취약한 기간제 교사를 선택하고 있다.

정부(교육)당국은 해마다 바뀌는 입시 경쟁의 과열로 말미암아 교사와 학생, 학부모로부터 원성이 자자하며 사교육비 절감이니 사교육 말살이니 말만 그럴 듯하고 실현 가능성이 없는 선심성 선거구호로 인하여 교육 당국은 물론 학교까지 일반사회로 부터 돌팔매질을 당하고 있다.

그 밖에 사회여론 또한, 교사들에게 학교가 이 지경이 될

때까지 "왜 아무대책도 없이 무엇을 하고 있느냐"고 야단이
다. 이 세 가지 교육 주체들의 문제점을 한마디로 요약하면

　나침판 없는 가정교육과 명문대, 성적지상주의로 내모는
학교교육, 그리고 일관성 없는 교육 정책과 제도(줄 세우기식 정
책), 이 삼자의 책임이라고 말할 수 있겠다.

　이 책은 이 세 가지 교육 주체들 중에서 주로 가정과 학교
교육을 중심으로 현재 학생들의 문제점을 고민하고 글로벌
교육 목표를 향한 인재들의 교육 문제 해법을 제시하는 데
초점을 맞췄다.
　미래학자 엘빈 토플러교수가 우리교육에 대해 말하기를
"산업 혁명 시대에나 맞을 교육을 한국은 지금도 열심히 하
고 있다."고 핀찬을 준 바 있다. 이는 세계와의 경쟁구도에
서 우리가 당면한 시급한 문제이다. 이 책은 그런 점에서 글
로벌 환경에 적응하는 유연(퍼지사고력)한 인성을 어떻게 구축
하고 그 위에 어떻게 성공적인 학습 성과를 발휘하는지에 대
한 문제를 매우 현실적으로 접근해보고자 노력하였다.

　초, 중등 교육은 9년이란 매우 오랜 기간으로 아이의 인성
과 기초학력이 형성되는 길고도 중요한 시기이다. 이 시기의

학부모는 30대에서 40대 초반 나이로 가장 왕성하게 사회생활에 전념 할 때이다. 생업에 전념하다 보면 어느덧 아이는 훌쩍 자라서 초·중·고생이 되고 자녀에게 그동안 소홀함, 미안함 탓으로 뒤늦게 사교육에 매달리게 된다. 부모들이 개입해야 할 절대시기 즉, 교육의 민감기 상실을 비로소 느낀 것이다.

그렇다고 문제가 해결된 것인가? 아니다.

벼도 한창 자라는 시기가 있다. 절대적으로 햇빛을 받아야 할 절대 일조량이 있듯이 아이들도 그렇다. 거기다 병충해의 공격도 가세한다. 즉, 아이들에게도 폭력, 왕따. 게임중독, 등 수많은 문제들이 도사리며 공격의 기회를 엿보고 있다. 이 시기에 아동의 인성과 학습에 부모가 제대로 개입한다는 것은 어렵다.

저자는 이런 점을 염두에 두고 글로벌 세상에 나아갈 아이들의 문제점을 밝혀 내 그 해결책을 조금이나마 찾아보고자 천로역정의 순례자처럼 고뇌했다.

세상은 하루가 다르게 편리함으로 치달리고 있지만 과거에 비해 아이들의 인성은 파괴되고 건강이나 체력은 다운되고 있다. 교육 환경은 과거에 비해 오히려 날이 갈수록 위험

천로역정의 부모들

하고 복잡한 양상을 띠고 있다. 우리가 만든 과학이 우리 아이들을 스마트폰 중독, 게임 중독 같은 디지털 세계의 블랙홀로 빠트리고 있으니 말이다.

그게 바로 우리 아이들의 정신과 육체, 영혼까지 눈에 보이지 않게 공격하는 문명의 이기들이다. 이 책에서는 스마트폰 중독, 인터넷 중독, 학교 폭력이 아이들의 안전을 위협하고 자녀들을 병들게 하며 부모를 홧병 나게 하는 소주제들을 언급하고 있다. 이 모든 문제에서 자유로울 수 있는 부모가 과연 있을 수 있을까?

<h2 style="text-align:center">〈 이 책의 특징 〉</h2>

01. **이 책은** 청소년 특히 초·중등학생인 청소년을 중심으로(시기적, 내용상) 하되, 첫째는 가정에서, 둘째는 학교와 사회에서 이루어지는 인성과 학습에 관한 책이다.

02. **독자** : 이 책의 독자를 초등학생 및 청소년을 대상으로 교육에 관심있는 가르치고 훈련하고 지도하는 모든 교사, 특히 부모님을 염두에 두고 서술하였다.

03. **이 책의 내용**은 크게 3부분이다. 첫째는 학부모의 준비, 둘째는 신토불이 한국적인 교육, 3째는 글로벌 교육으로 구성되었다.

04. **이 책은 전문성과 통합성** : 시중에서 흔히 만나보게 되는 학교생활 적응에 관한 일반적 수준의 자녀 교육 지도서 보다 글로벌 시대를 겨냥한 학습과 인성에 관한 각 주제에 접근하고 분석하며 문제 해결하는데 역점을 두었다.

05. **인재상** : 장차 아이가 성인이 되어 마주치게 될 지구촌 문화 환경과 글로벌 시대가 요청하는 인재상인 세계유수의 글로벌 기업과 서울대의 기준을 제시하였다.

06. **원리-현상-실천** : 자녀 교육은 단순히 지식의 실천 뿐 아니라 그것의 근거가 된 법칙, 원리, 이론 등에서 출발하였기에 법칙, 이론, 원리, 현상 문제, 실천 방안 순으로 대부분 구성하였다.

07. **인성교육** : 부모가 아이에게 인격적 영향을 주는 것을 인성교육이라고 했을 때, 보다 차원 높은 이 시대의 인성교육 방법인 도덕지능(MQ), 가치교육, 신앙교육, 아동문화 등등 일반 자녀 지도서에 없는 색다른 수준의 해결책을 제시하여 미래의 리더십 배양에 도움이 되도록 하였다. 그 외 나눔, 배려, 협동, 준법, 자기주도성, 리더십 등을 포함했다.

08. **대안제시** : 문제 해결 방법, 대안제시에서는 전문분야인 경우 전문가의 견해를 원본 그대로 또는 알기 쉽게 해설하여 실었다.

그런데 지금은 인성교육과 아동철학의 자리에는 학교성적인 점수가 들어와 거대한 또아리를 틀고 있다. 지금껏 교육자로서 내가 고민했던 것은 교육자로서의 일말의 양심과 순결한 영혼을 더럽히지 않으면서도 즉, 자신의 교육적 이상을 자유롭게 펼치면서도 글로벌 시대를 선도하는 인재양성이란 비전을 향해 전력 질주 해왔다.

글로벌 세상의 교육적 이상과 생존이 적당히 타협하는 것이 아니라 진정한 통일 속에서 화해할 수 있는 날을 꿈꾸며 이 책이 그 강을 건너는 작은 징검다리라도 될 수 있기를 바란다.

그리고, 이 책이 나오기까지 인도하시고 지혜를 주신 하나님께 영광을 드리며 기도해 주신 주님의 교회 박혜성 목사님, 권대선 목사님과 강현규 전도사님 영광 교육지원청에서 함께 일하며 지도 조언해 준 여러 교직원, 특히 동료 교사들께 감사한다.

원고 교정에 수고해 준 조카 미경, 해란, 나영, 은영, 수연이와, 오랜 세월 인내로 뒷바라지한 사랑하는 아내와 나의 보배 성경 그리고 책이 나오는 순간까지 정성들여 교정해 준

아들 성찬에게도 감사한다.

끝으로, 어려운 시기에 출판 기회를 허락해 주신 가나북스 배수현 대표님께 감사를 드린다.

천로역정의 그 멀고 힘든 고지(교육목적지)를 찾아가는 많은 분들에게 작은 이정표와 쉼터가 되기를 바란다. 아울러, 이 땅에 참다운 교육 이데아가 살아 숨 쉬는 부활의 그 날을 꿈꾸며….

2013년 , 8월
천로역정의 순례 여정을 마치며

신 영 백

Contents

01

자녀교육의
순례여정을 떠나는
부모의 준비자세

♥ ♥ ♥

"1년을 위한 대비책으로 곡식을 심는 것 보다 더 좋은 것이 없고 10년을 위한 대비책으로 나무를 심는 것보다 더 좋은 것이 없으며 평생을 위한 대비책으로 인간을 심는 것보다 좋은 것이 없다."고 중국의 관자는 말했다.

오늘날 많은 부부들이 아무 준비 없이 그냥 부모가 된다. 마라톤 선수는 한 순간을 위하여 최소 수년을 피나는 연습한다. 우리 부모들은 자녀교육을 앞두고 마음에 준비를 잘 해 두어야 한다. 자신에게 주어진 하나님의 귀중한 선물을 잘 보살필 의무가 있다.

아이, 공부의 15번 감방에서
글로벌 세계로 탈출을 허하라

무슨 말이냐 믿는 자에게는
능치 못할 일이 없느니라 하시니
(마가복음 9장23절)

세상에 그렇게 미국대통령은 할 일도 없나보다. 얼마 전한 신문에 이런 희한한 기사가 실렸다.

미, 오바마 대통령께서 한국의 교육을 극구 칭찬하며 '미국은 한국의 교육을 본 받아야 한다'라는 대충 그런 내용이었다.

혹시 그 양반 한국의 기러기아빠 이야기에 감동을 받았거나 하루 15시간 공부한다는 한국 학생들의 학구열 때문에 충격을 받아 그런 말을 한 건 아닐까?

아니면 우리가 PISA(세계학생학력대회)에서 늘 최상위권을 유지하는 것이 샘 났을까? 그도 아니면 우리 경제가 전후 최단기에 OECD 10위권으로 계속 진입하는 게 신기해서 그런 말을 했는지도 모르겠다. 아무튼 남의 깊은 속내도 모르는 체 해주는 칭찬을 받는 우리 입장으로서는 기쁨보다는 곤혹스러움이 앞선다.

저들의 부러움과 정반대로 지금 우리 학생들은 공부의 15번 방에 갇혀 있다.

15번(감)방은 우리 같은 고딩이 아침 7시 30분부터 밤11시까지 공부하는 총 시간수를 속칭하여 붙인 이름이다. 학생들이 해방되는 날은 그들이 목표로 하는 소위 일류 대학에 합격하는 날이며 합격 통지서가 곧 출감 명령서이다. 실력이 좋아서 속칭 인서울 대학이라도 붙으면 모르지만 그마저도 안 된다면 부모의 체면 때문에 다시금 수감기간은 1년 더 연장되는 불가피한 조치가 뒤따른다. 공부 좀 하는 친구는 스스로 자존심이 용납되지 않아서, 혹은 부모님께 미안해서, 어느 쪽이건 재수행이다.

고딩 입장에서는 출감 후 자신의 적성에 맞는 대학이라도 가고 싶지만 감방 열쇠를 쥔 부모님들의 자존심께서 도저히 용납하지 않으신다. 꼼짝 없이 길고 긴 재수생활이 시작된다. 그러다가 가끔은 운 좋게 탈옥하는 친구도 있지만 자기 집이라고 해서 순순히 들어갈 수도 없다.

왜냐고? 탈옥범을 따뜻하게 받아주는 곳은 이 세상에 없으니까, 그래서 그 친구가 오직 갈 수 있는 곳이란 어두움의 자식들만 우글거리는 그런 곳이다.

위 이야기는 어느 고3 학생이 인터넷에 올린 자신의 비통한 심정을 토로한 충격적인 고백의 글이다. 어디 이런 학생이 한두 명뿐이겠는가, 이렇게 공부 시키는 한국의 학부모에게 딱 한 사람 배짱 좋게 거침없는 하이킥을 날린 미래학자가 있다.

"한국 학생들은 하루 15시간 학교와 학원에서 미래에 필요하지 않은 지식과 존재 하지 않을 직업을 위해서 시간을 낭비하고 있다."

세계적인 미래학의 대가인 엘빈 토플러교수의 지적이다.

자녀의 **달란트를 무시하고** 부모가 원하는 대학에 입학했다고 해서 그 인생이 성공했다거나 행복하다고 말할 수 없는 3가지 연구 조사 결과 사례가 여기에 있다.

01. 하버드대에서 졸업생 268명을 대상으로 장기추적 조사한 결과

3분의 1이 정신질환을 앓았다. 또한 부모들이 생각한 만큼 많은 연봉을 받지도 못했다. 공부가 그들을 행복하게, 부하게 했는가에 대한 답변은 부정적이다.(조사한 해 졸업자중 존F 케네디도 포함되어 있었다.)

02. 한국의 경우 IQ 140 이상만 모인다는 S大 멘사클럽의 경우를 살펴보자. MBC방송국 특집으로 인터뷰를 요청했는데 모두 다 거절당했다. 천재들의 말이다.
'당신들이 기대한 만큼 우리는 성공하지 못했다'고 한다.

03. 미 스롤리블로트닉 연구소 2500명 졸업생 기준으로 직업 선택을 한 결과 봉급과 근무환경을 원하는 학생은 84%인 2100명이고 102명인 16%만 하고 싶은 일에 도전한 결과 1억불 이상 재산을 모은 100만 장자는 84%그룹에서 2명, 나머지 100명이 하고 싶은 일에 도전한 그룹에서 나왔다. 적성을 통한 성취감의 승리가 아닐 수 없다. 이런 자료를 못 믿는 한국의 부모에게는 무슨 자료가 통할까?

돈 잘 벌리는 직업 잘못 쫓다가
수렁에 빠질 수도 있어,
자신에 잘 맞는 것 선택해야

공부 잘하는 아이들은 묻지 않아도 목표는 둘 중 하나다. 의대 아니면 법대다.

거기다 과학고 등 특목고의 원래 정부 취지는 과학 쪽 인재양성을 목표로 설립되었지만 졸업하는 학생들은 거의 다 의대행이다. 당초 학교 설립 취지가 무색하다. 외고의 경우 졸업 후 서울대 전공 선택이 16%라고 한다. 84%는 거의 다 의대 아니면 법대 둘 중 하나다. 그러다 보니 로스쿨의 경우 해마다 1천명의 신입 변호사가 대거 거리로 쏟아진다.

공부 잘해 로스쿨 나와 변호사 실업자 웬 말?

외국과 비교해서 우리나라 변호사 수가 적다고(국민법률서비스) 전국 각지의 대학마다 로스쿨로의 인가를 요청했다. 그런데 알고 보니 그게 아니다. 외국에는 없는 변호사와 유사한 직군의 인원을 염두에 두지 않은 것이다. 이 유사업종이 우리나라에는 엄청 많다. 그게 바로 법무사, 변리사, 관세사, 세무사, 노무사, 공인중계사다. 10만이 넘는 사람들이 변호사와 겹쳐진 일을 하고 있다. 2012년 로스쿨 변호사 합격자가 888명이다. 사법 연수원생 중 판사, 검사, 로펌행 빼고 나면 대략 800명이 신규로 변호사가 된다. 도합 1,688명이다.

로스쿨 3년을 더 다녀야 됨은 물론 '학비가 1억이 넘는다'는 사실은 삼척동자도 다 안다. 이런 이중삼중 고비용으로 부모들의 허리가 휜다. 문제는 여기서부터 시작된다. 이런 고비용 구조대비 그 결과는 어떨까?

변호사의 공급과잉이 빚은 결과를 살펴보자.

전에는 서울시에서 변호사를 5급 공무원에 힘들게 모셔왔다고 한다. 그러나 지금은 7급 공무원 모집에도 엄청난 수가 몰린다고 한다. 1억이란 로스쿨 학비를 내지 않고도, 3년을 더 공부하지 않고도 대학 나와서 합격하면 가는 7급인데 이건 또 웬 황당한 이야긴가?

또한 수많은 변호사들이 개업을 하다보니 가끔은 사건은 적고 변호사가 많으니 수임 경쟁이 치열하다. 사건(물건)처리는 법과 원칙을 지켜야 하지만, 물건은 적고 변호사 배출이 워낙 많으니 전관예우는 당연하고 국민을 실망케 하는 일까지 생기는 등 변호사 업계 수급에 큰 변화가 일고 있다고 한다. 이 얼마나 국가 사회적으로 낭비이며 개인적 일탈인가…. 士자를 좋아하는 부모님은 기가 막힐 일이 아닌가?

세계화 시대, 자녀 재능 계발에 일찍 눈을 뜨자

아이들이 초등학교 3학년이 되면 진로 적성 검사를 받는다. 우리네 부모님들은 그런 과학적 자료들 보다는 사회 통념에 훨씬 더 매달린다. 아무리 아이가 예체능계 쪽에 재능이 있다고 해도 의사나 판사는 소위 알아주고 팔자를 펴는 직업이란 낡은 생각에 사로잡혀져 있으니 더 큰 문제다. 얼마 전 이와는 정반대의 '너무나 평범한 미국 아이들'이란 신문기사를 보았다.

"나는 소방관이 되어 불 속에서 사람을 구하는 사람이 되겠다."라든가,

"거리의 설치 미술가가 되어 거리를 아름답게 하겠다."

한국인 부모라면 한마디로 절대 불가 방침을 내릴 것이다. '돈도 안 되고, 거기다 위험하다'라고 하면서 손 사례를 칠 것이다. 이런 직업에 대한 편견 때문에 무려 사만(四万)개 넘는 직업의 종류 중에 오직 의사, 판사, 공무원, 대기업 사원만이 평생 호의호식 할 것 이라고 믿는 부모들의 마음 때문이다.

1983년 하워드 가드너 박사의 다중이론이 나오기 전에 지능이라면 단순히 수학적 논리적 지능이나 EQ로 대변되는 정서지능 정도였다.

그러다 보니 머리가 나쁘면 "머리 좋은 애가 1시간 공부할 때 너는 두세 시간 더 열심히 공부하렴. 그러면 그 아이와 똑같은 명문대를 갈 수 있고 그러다 보면 네 꿈을 이룰 수도 있어"라고 아이를 닦달했다. 그래서 입만 열면 '공부해라'라는 식의 공부타령 투의 동기부여로 일관했다.

능력이 안 되는 아이들 입장에서야 부모 앞에서는 열심히 하는 척 하겠지만 결과는 그에 미달이다. 그래서 부모 자식 간의 갈등은 심화되고 아이는 아이대로 심한 스트레스와 갈등으로 행복한 인생을 부모 때문에 살 수가 없게 된다.

"인생에 주어진 의무란 없다. 있다면 인생이 행복해지는 것 뿐"이라는 헤르만 헷세의 명언이 무색하다.

1900년 초 프랑스의 비네가 인간의 지능지수인 IQ를 발표한 이후 많은 사람들이 이를 신봉한 나머지 또 다른 지능이 없는 것으로 잘못 알고 오직 수학 지능에만 목을 맸다. 그 결과가 안타깝게 오늘날까지 영향을 미치고 있다. 다중지능 이론은 인간의 지능은 그보다 훨씬 더 많은 9가지라고 가드너교수가 발표하여(1983년) 지금껏 심리학계나 교육학계의 가

천로역정의 부모들

장 강력한 지지를 받고 있다.

※ 가드너 다중지능 : 언어, 수리, 공간, 운동, 음악, 대인관계, 개인내
지능, 자연탐구, 실존지능

그와 더불어 로버트 스턴버그는 분석적 지능, 창의적 지능, 실용적 지능 등 지능의 3원론을 주장하며 이 3가지를 잘 활용하는 것이 21세기 인재에게는 필요하다고 역설하였다.

우리는 이런 학문적인 근거는 없었지만 '굼벵이도 구르는 재주가 있다'라고 하면서 자녀들은 타고난 재능이 있다며 긍정적으로 자녀를 바라볼 것을 선조들은 말해왔다.

20세기 교육이 무조건 암기 위주, 사고력 위주였다면 21세기는 글로벌 시대 적응을 위해서 인지능력 외에 창의력과 인성을 갖춘 포괄적이고 과학적인 인본주의적 교육이 되어야 할 것이다. 우리 자녀들은 분명 가드너의 9가지 지능 중 한 가지 이상을 가지고 태어났으며 이를 잘 계발해주는 것이야말로 글로벌 세계로 가는 인재양성의 핵심이라고 본다.^{(진}
로 선택을 위한 구체방안은 소주제참조)

글로벌 마인드를 못 가진
국가나 개인은 왜 불행해질까?

조선이 급변하는 세계사의 조류 속에서 태평하게 '갑론을박'하고 있었을 때다.

조선후기 서세동점(西勢東漸)*하는 세계사적 흐름을 읽어내지 못해 흥선대원군은 서양 상선이 교류하자고 강화도 앞바다에 나타났을 때 대포를 쏘아 내어 쫓았다. 단지 서양 상선을 내 쫓은 것이 아니라 국가 발전의 기회를 쫓아낸 것이다. 어떤 사학자는 이시기가 우리 역사가 36년 동안 정체해 있었던 시간이라고 말한다. 한마디로 오지사고(奧地思考)사고요, 우물안 개구리 사고다. 자기주도적 사고가 아니라 주변 정세 청나라와 일본의 정세만으로 외교 전략을 편 것이다.

그 결과 우리는 하늘이 준 개화의 기회를 빼앗겼다. 한마디로 **지도자가 글로벌 세계 흐름에 까막눈**이었던 것이다. 글로벌 흐름을 놓친 결과는 참혹 그 자체였다. 일본에 나라를 내어주고 빼앗긴 36년의 세월의 상처를 보라. 반세기가 지났지만 아직도 치유되지 못하고 있다. 독도 문제와 교과서 왜곡, 전범자 신사참배, 위안부 할머니들의 억울한 보상처리가

---

* 서세동점(西勢東漸) : 서양 세력이 점차 동양의 자원을 탐내 동양으로 뻗쳐 오는 모습

                                                    천로역정의 부모들

그렇다. 우리가 그동안 노력한 결과는 무엇이란 말인가?

세계화 시대야말로 다양한 분야에 다양한 인재들이 필요한 사회다.

지금 제대로 된 직장이라면 면접을 할 때 가장 중요시하는 부분이 인성과 전문성 그리고 세계화에 대한 글로벌 마인드이며 그런 노력이 얼마나 있었는지 묻고 있다.

그런 의미의 해외 어학연수나 글로벌 봉사활동의 경험을 기업과 어떻게 잘 연결시킬 수 있는 인재인지 여부가 면접의 포인트가 되고 있다. 현명한 부모들은 자녀들의 소질을 계발하여 일찍이 글로벌 세계로 진출하여 국위를 선양하고 자신의 꿈을 이루고 있지 않았는가? 그 부모들의 선택과 혜안이 부럽다.

그런 꿈을 꾸도록 독려했던 부모의 용기와, 도전정신이 부럽다. 그러나 지금도 늦지 않았다. 여기에 이름은 비록 없지만 글로벌 무대에서 활약하고 있는 수많은 인재들이 무수히 많다.

유엔 사무총장이 된 반기문, 세계금융총재의 김용, 운동선수 박지성, 추신수, 류현진, 피겨여왕 김연아, 골프에 박

인비, 최나연, 박세리외 수많은 태극낭자들, 음악에 정명훈, 조수미, 사라장, 천재비디오 예술가 백남준, 사물놀이 김덕수, 한국문화의 볼거리대표 송승환의 난타, 과학자 이휘소 박사, 가수 싸이 등 이름을 열거 하자면 한이 없다. 뿐만 아니라 각 나라마다 그 나라 주류사회에 정상을 차지한 한인 거상(巨商)들 또한 즐비하다. 다음의 글은 자녀를 어떻게 바라보아야 하는지에 관한 시인의 속내를 살펴본다.

천로역정의 부모들

당신의 아이들은 당신의 아이들이 아니니라.

그들은 당신을 빌어서 오나

당신으로부터 오지는 않느니라.

그리고 비록 그들이 당신과 더불어 있으나,

그렇다고 해서 그들이 당신의 것은 아니니라.

당신은 그들에게 당신의 사랑을 주어도 좋으나,

당신의 생각을 주려고 하지는 말아라.

그들은 그들만의 생각을 가지고 있기에.- 이하생략

— 칼릴 지브란(Kahlil Gibran)

이제는 세계가 아이들의 일터다. 시야를 멀리보라, 지금은 100세 시대이다. 부모의 욕망을 접으라. 자녀는 자녀의 꿈을 꾸도록 하라, 자녀의 길을 가도록 내버려두라, 우리에게는 왜 빌게이츠, 스티브잡스, 정약용, 장영실 같은 창의적인 인물이 더 많이 나오지 않는지 묻지 말자, 그것이 다 우리가 창의력을 가로막는 주입식 위주의 교육, 명문대를 겨냥한 입시교육 때문이다.

아이가 편히 먹고 사는 일신의 안일함을 원하는 것은 부모의 아름다운 사랑이 아니고 끝없는 집착이요, 탐욕이다.

탐욕의 비극은 부모와 자녀 모두에게 최악의 선택이다. 아이를 부모의 욕망의 새장 울타리에 가두지 말라, 이제는 욕망의 탯줄을 자르고 날려 보내자.

강남스타일의 노래 가사를 아시는가?

자식이 대중음악을 한다고 했을 때 "너 할 것 없어 딴따라를 하려고 그러느냐"고 말렸다면 가수 싸이가 탄생했을까? 가수 싸이는 말도 안 되는(?) 노래와 춤 하나로 경제적 가치로만 1조의 부의 효과를 창출했다.(한국경제신문발표) 1조면 10억짜리 중소기업체가 10,000개다. 거기다 글로벌시대 20억 명의 사람들이 한국의 이미지와 문화에 접속하였다. 많은 관광객들은 우리나라문화가 보고 싶어서 온 경우도 있지만 이런 문화적 이미지를 보고 선택하는 경우도 많다고 하기 때문에 효과는 크고 오래갈 것이다.

우리에게 돌아오는 부가적 수입까지 치면 수조원이라고도 한다. 이런 아이들이 공무원시험 쳐보겠다고 4년 내지 5년씩 골방에 틀어박힌 대다수의 이유는 부모들의 士(사)농공상 사고방식 외에 시대를 분별하지 못한 부모들의 정신적 탯줄이 아이를 동아줄처럼 꽁꽁 묶고 있기 때문이다.

　　　　　　　　　　　　　천로역정의 부모들

살면서 가장 많이 들었던 말

너 그러다 뭐 될래?

살면서 가장 많이 하고픈 말

내가 알아서 할께

그래 나는 청개구리

그 누가 제아무리 뭐라고 해도

나는 나야. (싸이 노래 가사에서)

언제까지 캥거루처럼 품에 끼고 살려고 하지 말자,
어미 새는 새끼가 자라면
푸른 하늘로 아낌없이 날려 보낸다.
그들이 어디로 가든지….

아버지 학교에 다녀오셨어요?

W.W.W. father.or.kr

부모는 문서 없는 종이다. - 속담

아버지 되기는 쉬워도 아버지 노릇하기는 어렵다. - 속담

"Father's school" 아버지 학교란 남성으로서 자존심을 지키고 책임을 다하며 거룩한 삶을 살아 가도록 격려하여 이 땅을 부흥시키는 영적 동력이 되도록 1995년 10월 두란노 서원에서 시작된 가정사역 프로그램 중 하나를 말한다. 이는 국내에서 시작하여 해외동포에게까지 널리 알려져 있는 행복하고 건강한 가정 만들기 교육 시스템이다.

이 운동이 도입된 역사적 배경은 미국에서 시작된 프라미스 키퍼스 운동을 한국의 실정에 맞게 정착시킨 것이다. 한국사회 남성들의 폭력문화, 음주문화, 섹스와 음담패설의 문화, 레저문화, 체면문화, 일 문화를 되짚어 보고 실추되었거나 잘못 행사되고 있는 아버지의 권위를 바로잡게 하며 또한 아버지의 구체적인 사명과 역할을 알고 영적인 권세인 축복권, 말씀권, 훈육권, 신앙 전수권을 올바르게 행사한다는 목적을 가지고 있다.

무슨 일이든 그렇지만 결혼, 자녀 양육 같은 것은 특히 연습이나 시행착오를 허용하지 않는다는 점에서 사전에 충분히 공부하고 대비해야 만이 실패하지 않기 때문에 뜻 있는 부모나 단체에서는 사전에 준비를 철저히 하여야 한다고 강조한다.(세계 최고의 높은 이혼율 같은 문제) 아버지 학교의 근본 취지가 최근 들어 더욱 각광받는 이유는 **사춘기에 접어드는 초등 4학년 때부터 자녀들이 아버지와 의사소통 단절로 인하여 그 필요성이 증대되기 때문이다.** 10대 자녀의 의식구조와 문화를 부모가 충분히 인지함으로 아버지는 부권의 영향력을 자녀의 학습, 진로, 가정의 평화유지에 절대적인 영향을 미칠 수 있기 때문이다.

두란노 아버지 학교 소개

　　두란노 아버지 학교는 1995년 10월 기독교 단체인 두란노서원에서 처음 개설되어 전세계 56개국 224도시 76개 지부에서 2013년 현재 24만 여명이 수료하였다. 두란노 아버지학교는 이 시대의 문제는 바로 가정의 문제이며, 가정의 문제는 바로 아버지의 문제라는 기본인식 가운데, 아버지의 회복을 통해 가정을 회복하고, 가정 회복을 통해 사회를 변화시키는 사회운동을 펼쳐 나가는 일을 하고 있다.

　　아버지 학교 프로그램으로는 아버지 학교는 통상적으로 매주 토요일 오후 5시에서 10시 30분까지 정해진 날짜에서 5주간 이어서 진행(단체의 사정에 따라 요일과 시간은 협의 변경 가능함)되는 세미나이다.

　　아버지 학교는 각 주차별 주제 강의로 진행된다. 아버지의 영향력, 아버지의 남성, 아버지의 사명, 아버지의 영성, 아버지의 가정 이라는 주제에 관한 강의를 듣고 각 조별 조원들과 나눔의 시간을 갖는다. 매주 마다 아버지에게, 아내에게, 자녀에게 쓰는 편지 숙제를 내어 드리며 다양한 예식이 준비되어 있다. 마지막 5주차 수료식 때는 아내와 가족이 함께 참여해서 수료식을 하게 되며, 이것으로 아버지 학교를 수료하게 된다.

천로역정의 부모들

　수료 후에는 개인 의사에 따라 후속 프로그램인 부부 학교, 어머니 학교, 가정회복 학교, 지원 그룹 등 정기적 프로그램에 참여 할 수도 있으며, 스텝으로 지원하시면 관리팀, 찬양팀, 조장팀 등 자원봉사로 아버지 학교를 섬길 수 있다. 또한 매년 두 차례 전국 수료자 가족 모임 행사가 있다.

예비 아버지 학교의 필요성
〈아버지 학교 수료소감〉

　아버지 학교를 수료하면서 아쉬운 점은 "왜 이제야 하게 되었나?"하는 것이었습니다. 조금 더 전에 이 교육을 받았더라면, 아버지로서 아내와 자녀들에게 많은 실수와 오해를 받지 않고 제대로 된 사랑을 전해 주었을 것을…. 아버지가 되어 아내에게 자녀에게 제대로 하지 못했던 것들을 후회하곤 합니다. 예비 아버지 학교는 이 시대가 요구하는 사역입니다. 98%이상의 병사들이 만족도를 표현하는 예비 아버지 학교는 육해공군 및 특수전 부대에서 끊임없이 예비 아버지 학교 개설을 요청하고 있습니다. 지원자가 끊임없이 들어오는 예비 아버지 학교는(일반인도 가능) 이 시대의 가장 확실한 블

루오션입니다.

01. **예방사역입니다.**

예방주사를 맞으면 그 병을 이길 면역을 길러 주듯이 예비 아버지 학교는 아버지가 되기 전에 아버지 됨을 미리 알려주는 귀중한 사역입니다. 미리 아버지 학교 교육을 받은 사람이라면 준비된 결혼을 할 수 있고, 아버지로서의 역할을 잘 감당할 수 있을 것입니다. 이 땅의 청년들 모두가 아버지가 되기 전에 '아버지'를 배우고 자신의 정체성을 갖고 가정에서, 군에서 사회에서 건강한 사회인으로 성숙할 수 있습니다.

02. **자신의 정체성을 찾아줍니다.**

03. **가족 간의 화해가 일어납니다.**

04. **군인의 경우 부대에 잘 적응합니다.**

05. **건강한 사회인으로 돌아갑니다.**

군인이 되려면 반드시 논산 훈련소를 거쳐야한다. 설령 그가 의무병이라 해도 마찬가지다. 전쟁의 가망성이 남아 있는 한, 군이 존속하는 한 논산 훈련소 같은 초기 기초교육 훈련소는 없어지지 않는다. 자녀를 키우려면 그냥 되는 게 아니다.

"뭘 좀 알고 결혼도 해야 된다."

자녀 키우는 것도 논산 훈련소와 같은 교육과정이 필요하다. 바로 그런 학교가 아버지 학교다. 아버지 학교는 새로 결혼하려는 청춘남녀들에게 꼭 지녀야할 정신적 혼수품 목록 1호다. 이 목록을 소홀히하고 다른 걸 먼저 챙겼으니 세계 1위 이혼율이나 신혼여행지에서 비행기를 따로 타고 오는 불상사가 어쩌면 당연한 결과일지도 모른다.

※ 아버지학교

주소 : 서울 양재동 양재 횃불선교센터

전화 : 02-2182-9100

www.father.or.kr/

자녀교육 첫 출발 서원기도,
부모를 위한 시와 계명

인류에게 준 모든 자연의 선물 중에서
인간에게 자녀보다 더 귀여운 것이 무엇이 있겠는가? - 키케로

자기 아들을 아끼지 아니하시고 우리 모든 사람을 위하여 내어 주신이가
어찌 그 아들과 함께 모든 것을 우리에게 은사로 주지 아니 하시겠느뇨
(롬8장32절)

 ## 자식을 위한 기도

저의 자식을 이러한 사람이 되게 하소서.
약할 때 자기를 분별할 수 있는 힘과,
두려울 때 자신을 잃지 않는 용기를 가지고,
정직한 패배에 부끄러워하지 않고 태연하며,
승리에 겸손하고, 온유할 수 있는 사람이 되게 하소서,

그를 요행과 안락의 길로 인도하지 마시고,
곤란과 고통의 길에서 항거할 줄 알게 하시고,
폭풍우 속에서도 일어설 줄 알며,
패한 자를 불쌍히 여길 줄 알도록 해 주소서.

그의 마음을 깨끗이 하고, 목표는 높게 하시고,
남을 다스리기 전에 자신을 다스리게 하시며,
미래를 지향하는 동시에 과거를 잊지 않게 하소서.

그 위에 유머를 알게 하시어
인생을 엄숙히 살아가면서도,
삶을 즐길 줄 아는 마음과,
자기 자신을 너무 드러내지 않고
겸손한 마음을 갖게 하소서.

그리고 참으로 위대한 것은 소박함에 있다는 것과
참된 힘은 너그러움에 있다는 것을
항상 명심하게 하소서,
그리하여 그의 아버지인 저는 헛된 인생을 살지
않았노라고 나직이 속삭이게 하소서.

- 더글러스 맥아더

훌륭한 자녀 뒤에 눈물어린 부모의 뜨거운 사랑의 기도가 언제 어디에서든 있어왔다. 그 기도는 하나도 땅에 떨어지지 않고 모두 하나님께 상달되었고, 그 부르짖음 그대로 응답되었다. 위인들은 자녀를 키울 때 아이의 학교 성적보다 아이가 자라서 하나님께 영광을, 이웃에게는 선한 영향력을 끼치는 삶을 살도록 기도하고 간구하였다. 주옥같은 위인들의 기도와 간구가 알알이 맺혀있는 이 기도와 계명들은 자녀들의 가슴에 와 닿음은 물론 그 아이의 일생을 통하여 잘 박힌 못이 되어 흔들림 없는 아름답고 빛나는 생을 살아가는 촉진제가 될 것을 확신한다.

페스탈로치가 어머니들에게 보내는 편지

제1신 : 조기교육은 어머니가

어린이의 조기교육은 대단히 중요한데 지금까지 퍽 소홀히 여겨져 왔다. 자선 사업가들이 그간 유아교육활동을 하여 왔지만, 실은 그들보다 이에 더 적합한 사람은 바로 어머니이다. 왜냐하면 어머니에게는 하늘이 준 모성애가 있기 때문이다.

제2신 : 어머니는 하늘이 내리신 교사

하나님은 모성에게 신성한 임무를 주셨는데, 그것은 교사로서 임무다. 그러기에 어머니는 그들의 자녀를 하나님의 아들로 키워내야 할 책임이 있다.

제3신 : 유아는 어떻게 발달하는가?

모든 어린이는 인간 본성의 소질들을 지니고 태어난다. 아직 피지 못한 소질들을 어느 하나의 기울어짐이 없이 고루 꽃피게 하는 것이 바로 교육이다.

제4신 : 가장 중요한 것은 가슴

인간에게는 지적 소질, 신체적 소질, 심정적 소질이 주어져 있다. 이 중에서 가장 중요한 것은 심정적 소질이다. 이것은 자신의 마음 속 가장 깊은 곳에 자리 잡고 있는 양심의 소리에 귀를 기울이는 작용을 말한다.

제5신 : 머리 · 가슴 · 신체를 조화롭게

세 소질은 고루 발전되어야 하며, 그래야만 심정적 소질의 개화를 정점으로 하는 인간성이 꽃 피울 수 있다. 어머니는 바로 이러한 소질을 불러일으킬 수 있는, 하늘이 임명한 교사인 것이다.

제6신 : 믿음은 생활 속에서 싹트고

믿음, 사랑, 순종, 감사, 인내심 등의 인간의 귀한 덕목들은 일상생활을 통해서 성장한다. 더욱 그것은 어머니 팔에 안기는 기간에 싹트게 된다. 그러기에 이 기간에 이런 덕목들이 어린이의 제2본성으로 자라게 몸과 마음의 대화가 모자 사이에 이루어져야 한다.

제7신 : 어머니의 친절

연약한 어린이에 대한 어머니의 친절은 다른 어떤 방법보다도 어린이의 덕성을 키워 내는 데 적절하다. 왜냐하면 친절은 어린이에게 마음 속 가장 깊은 곳에서의 공감을 자아내기 때문이다. 바로 이 공감이 터전이 되어 어린이의 덕성이 자라게 된다.

제8신 : 어린이의 본성

성인은 유혹에도 빠지고 타락도 한다. 그래서 인간 본성은 선한가, 악한가? 의심하게 한다. 그러나 분명한 것은 어린이는 유혹이나 타락에 빠지기 이전에 본연선*을 하나님의 선물로 가지고 태어난다는 사실이다.

– 페스탈로치

---

* 본연선(本然善) : 루소의 에밀에서 인간은 본래부터 선하다는 뜻

내가 만일 아이를 다시 키운다면

(가장 먼저 해야 할 일)

만일 내가 다시 아이를 키운다면
먼저 아이의 자존심을 세워주고
집은 나중에 세우리라.

아이와 함께 손가락 그림을 더 많이 그리고
손가락으로 명령하는 일은 덜 하리라.

아이를 바로 잡으려고 덜 노력하고
아이와 하나가 되려고 더 많이 노력하리라.

시계에서 눈을 떼고
눈으로 아이를 더 많이 바라보리라.

만일 내가 다시 아이를 키운다면
더 많이 아는 데 관심 갖지 않고
더 많이 관심 갖는 법을 배우리라.

자전거도 더 많이 타고
연도 더 많이 날리리라.

들판을 더 많이 뛰어다니고
별들도 더 오래 바라보리라.

더 많이 껴안고 더 적게 다투리라.
도토리 속의 떡갈나무를 더 자주 보리라.

덜 단호하고 더 많이 긍정하리라.
힘을 사랑하는 사람으로 보이지 않고
사랑의 힘을 가진 사람으로 보이리라.

- 다이아나 루먼스

자녀의 생사를 가름 하는
"약이 되는 말, 독이 되는 말"

The tongue in a sharpen weapon than the sword.
말은 칼보다 더 날카로운 무기이다. – 포킬리데스〈잠언집〉

우리가 말(馬)을 순종케 하려고
그 입에 재갈을 먹여 온몸을 어거하며,
또 배를 보라. 그렇게 크고 광풍에 밀려가는 것들을
지극히 작은 키로 사공의 뜻대로 운전하나니
이와 같이 혀도 지체로되 큰 것을 자랑하도다.
보라, 우리가 어떻게 작은 불이 어떻게 많은 나무를 태우는가!
혀는 능히 길들일 사람이 없나니 쉬지 아니한 악이요,
죽이는 독이 가득한 것이라.
(야고보서 3장 3–8)

의사소통은 듣는 사람에게 이해될 수 있는 언어로
표현되고 전달되어야 명료성을 갖는다. – H쿤츠와

같은 입에서도 독이 되는 말과 약이 되는 말이 나올 수 있다. 우리말에 ‘동냥은 못 주나마 쪽박은 깨지 말라’, ‘말 한마디로 천 냥 빚을 갚는다’, ‘언중유골(言中有骨)’, ‘남아일언중천금(男兒一言重千金)’, ‘때에 맞는 말 한마디는 은쟁반에 담은 금사과라’라는 말들은 모두 언어의 중요성을 지적한 말이다. 인간이 동물과 다른 것도 인간이 모든 동물을 지배하게 된 것도 이렇게 정보화 사회, 글로벌 시대를 맞이하게 된 것도 사실 따지고 보면 언어가 없었으면 불가능한 일이다.

아이가 자라면서 언어를 통해 살아가는 지혜를 배우는 것, 우리가 마주치는 대상을 행복, 혹은 불행하게도 하는 것, 모두가 다 언어의 위대한 힘이 아니었으면 실로 불가능했을 것이다.

이 무소불위의 힘을 가진 언어를 통해 아이들은 행복하게도 불행하게 되기도 하며 훌륭한 인재가 되기도 하고 흉악한 세기의 범인이 되기도 한다. 언어는 실로 양날의 예리한 검과 같다. 자칫하다가는 상대도 자신도 그 상처에서 자유로울 수 없으니 말이다.

‘매(칼로 베인)로 때린 상처는 하루 이틀이면 낫는다. 하지만 말로 입은 상처는 너무 깊어 평생 간다’고 한다. 무심코 던진 말 한마디가 아이의 인생을 좌우할 수 있음을 우리는 역사를 통해서도 일상을 통해서도 자주 목격한다.

"옆집 애는 일등이라는데….”
"넌 도대체 이것도 점수라고 자랑하니?”
무심코 던지는 말은 폭력이다.
듣는 이의 사기를 완전히 꺾어 놓는다.
"벌어다 주는 돈으로
집에서 살림이나 하면서 나서기는….”(남편들의 말)
"아빠는 공부도 잘했다면서 왜 부자도 아니야?”
"아빠가 나한테 해준 게 뭐가 있다고 그래요?”
말 못하는 이의 가슴을 찌르고 후비고 저민다.
상대를 무시하는 말은 칼이다

태초에 말씀이 있었다지만, 그래서 말 없는 세상은 상상할 수도 없지만 말만큼 헤프게 마구 쓰이는 것도 없을 성 싶다. 말이 씨가 되어 다툼이 일고 재앙을 부르는 일은 얼마나 많은가. 생각 없이 하는 말도 남에게 상처를 주고 자신에게 해롭기는 마찬가지다. 오죽하면 조상들이 '말 한마디로 천 냥 빚을 갚는다', '가는 말이 고와야 오는 말이 곱다'라는 등의 속담을 남겼겠는가. 다음은 한마디의 말을 어떻게 잘 들어야하는지에 대한 실제 사례다.

어머니는 119 구급대가 올 때까지 숨을 거둔 아들을 부여잡고 울었다. 지난 2012년 9월말 학교에서 왕따와 폭력에 시달려온 고교생이 23층 아파트에서 뛰어내려 스스로 목숨을 끊었다. 못다 핀 꽃 한 송이가 초가을의 문턱에서 떨어져 내린 것이다. 이날 오후 아들은 거실에 있던 어머니에게 다가와 "엄마 사랑해."라며 안마를 했다.

그리고 초등학생 여동생에게는 자신의 지갑에 있던 7천 원을 몽땅 주면서 "사고 싶은 것 있으면 사."라고 했다. 그리고 아들은 자기 방에 들어가 유서를 쓰고 난 후 뛰어 내렸다. 부모 형제가 있는 세상을 뒤로하고…. "이 녀석의 한말이 그 뜻이었다니…." 어머니는 한없이 울었다. 아들을 가슴에 묻은 아버지는 말썽 한 번 안 부리고 동생도 살뜰히 챙기던 정말 순하고 예쁜 아이였다며 지갑에서 아들의 증명사진을 꺼내 쓰다듬고 통곡했다. "불쌍한 아들을 아빠가 못 지켜줘 너무 미안하다…."

아들은 이렇게 한줌의 재로 가족과 친구들의 곁을 떠나갔다. 추적추적 가을비를 맞으며….

    천로역정의 부모들

청소년기의 특징 가운데 하나는 무엇이나 숨기고 감추며 드러내지 않는다. 그래서 자녀들의 사소한 대화나 몸짓에도 귀를 기울여야 한다. 자녀가 점점 입을 다물거나 안 하던 말을 하는 것은 사고의 징조라고 하며 우울증의 대표적 증상이라고도 한다.

그래서 성경에 보면 관계에 대해 '네 양 떼의 형편을 부지런히 살피며 네 소 떼에게 마음을 두라'라고 조언하고 있다. 부모와 가슴을 연 대화가 없는 곳에 우리 자녀들의 불행은 싹을 트고 있는 것이다. 특히 위의 경우 평소에 하지 않던 아이가 안마를 한 행위와 동생에게 자신의 용돈(자신이 아끼던 것을) 모조리 주어버리는 행위는 자살자의 대표적인 징후다. 그러나 누가 이런 복잡하고 세세한 것을 의심해 볼 것인가? 그래서 사춘기 자녀와의 대화는 백 번을 강조해도 부족함이 있다.

사람이 동물과 다르게 이성을 갖고 영혼이 있으며 무한한 생각과 감정, 정보와 지식을 나눌수 있는 것은 오로지 언어이고 이 언어의 도움 없이는 인류문명의 진보도 있을 수가 없다. 아마존 정글에 사는 사람들의 언어가 단순하고 글자도 없는 것을 보면 언어의 힘은 참으로 크다 하지 않을 수 없다. 언어를 제외하고 자녀교육은 거의 불가능하다. 그렇지만 언어의 순기능 못지 않게 역기능이 따르게 마련이다. 가장 합

리적이고 효과적인 언어 사용이 어떤 것인지에 대한 다양한
사례를 소개한다. 언어는 인간을 인간답게 가꾸는 첩경이기
때문이다.

인생을 바꾼 말 한마디

01. 히딩크가 통역사를 통해 박지성에게 한 말
　　"지(Gi)씨는 정신력이 훌륭하대요. 그런 정신력이면 반드
　　시 훌륭한 선수가 될 수 있을 거래요."
　　"너는 참 대단하구나, 전·후반 90분을 뛰고도 지칠 줄
　　모르다니 놀랍구나!"

　　축구선수로서는 결격이라던 평발, 내세울 것 없는 개인
기, 내성적인 성격과 외모, 말라깽이, 주근깨. 그런 나에게
감독님이 던진, 채 1분도 안되는 그 말 한마디에 내가 앞으
로 살아갈 나머지 인생을 모조리 바꾸어 놓았다. '축구 신
동', '축구 천재' 그 누구의 무슨 소리보다 황홀했다. 월드컵
내내 그 생각을 하면서 그라운드를 누볐다.

- 박지성 인터뷰 글에서

　　　　　　　　　　천로역정의 부모들

02. 발레리나 강수진이 〈장광열 저〉 ‘당신의 발에 입맞춤하고 싶습
니다’에서 자기 자신에게 하는 말
“어? 왜 발이 안 아프지? 어제 연습을 게을리 한 게 아
닌가?”

03. 어린 고흐가 친구들과 하늘 색채에 대해서 논쟁할 때 아이 편을
들며 아버지가 하던 말
“그래 네 말이 맞아.
하늘은 파란색이 아니고 빨간색이야.”

04. 루치아노 파바로티의 첫 무대였으나 아무도 반응이 없던 공연
장에서 아들이 던진 한마디 말
“아빠 정말 최고였어요.”
그는 그렇게 해서 오늘날의 유명한 성악가가 되었다고
한다.

05. 세계적인 대부호요, 기독교 사업가인 록펠러에게 그의 어머니
가 늘 하던 말
“록펠러야, 하나님을 친아버지 이상으로 섬겨라.”

06. 경주 최부자집의 유훈. 한국의 대표적인 가훈

"사방 백리 안에 굶어 죽는 사람이 없게 하라. 흉년에 땅
을 사지마라."

07. 9살 때 첫 연주를 보고 장영주의 스승 로스트로포비치의 말
"기껏해야 아홉 살이나 열 살먹은 아이가 그토록 완벽한
연주를 하다니 놀랍다."
그녀의 성공 동기는 이 한마디였다.

자녀를 격분케 하고 사망케 한 한마디

01. 아들 이은석군의 말
"미안하다고 말하기가 그렇게 어려웠나요."

이군 어머니의 꾸중의 말
"너는 싹수가 노란 구박데기야."

부모를 살해한 명문대생 아들이 검사 앞에서 한 말
주인공은 "부모의 권위적이고 이해할 수 없는 양육방식
으로 인해 존속살해하게 되었다."라고 고백하고 있다.(이

   천로역정의 부모들

02. 유명한 희대의 절도범 신창원의 아버지가 신창원을 바로 잡으려 경찰에 신고한 것을 두고 한 말

"저런 녀석은 콩밥을 먹어야 사람이 되지."

소년범인 그는 그렇게 해서 범죄의 길에 들어서고 감옥에서 범죄의 눈을 뜨고 말았다고 한다.

그가 고백한 신문 인터뷰

지금 나를 잡으려고 군대까지 동원하고 엄청난 돈을 쓰는데, 나 같은 놈이 태어나지 않는 방법이 있다. 내가 초등학교 때 선생님이 "너 착한 놈이다."하고 머리 한번만 쓸어주었으면 여기까지 오지 않았을 것이다. 5학년 때 선생님이 "이 쌍놈의 새끼야, 돈 안 가져왔는데 뭐 하러 학교와, 빨리 꺼져."라고 소리쳤는데 그때부터 마음속에 악마가 생겼다.

말 한마디가 인생을 만듭니다.

짧은 말 한마디가
긴 인생을 만듭니다.
무심코 들은 비난의
말 한마디가
잠 못 이루게 하고
정 담아 들어주는
칭찬의 말 한마디가
하루를 기쁘게 합니다.

부주의한 말 한마디가
파괴의 씨앗이 되어 절망에 기름을 붓고
사랑의 말 한마디가 소망에
뿌리가 되어 열정에 불씨를 당깁니다.
진실한 말 한마디가
불신의 어둠을 거두어가고
위로의 말 한마디가
상한 마음 아물게 하며
전하지 못한 말 한마디가
평생 후회하는 삶을 만들기도 합니다.

말 한마디는
마음에서 태어나 마음의 씨를 뿌리고
생활에서 열매를 맺습니다.
짧은 말 한마디가
긴 인생을 만들고
말 한마디에 마음은
웃기도 하고 울기도 하지만
그러나
긴 인생이 짧은 말 한마디의
철조망에 갇혀서는 아니 됩니다

- 좋은 글 중에서

세상에 가장 쉽고도 편하고 어렵고도 무서운 게 말이다. 가장 가까운 사람에게 상처를 받거나 감동, 감화 받는 것도 말이다. 한번 뱉은 말은 영원히 주워 담을 수 없다는 점에서 부모의 한마디는 자식의 운명을 바꾸는 마력을 지닌 힘이라고 할 수도 있다. 그래서 부모의 한마디 말은 행복과 불행의 문을 여닫기도 하는 양면성을 가진 열쇠와도 같다.

02

한국적인
너무나도 한국적인
교육만이 세계적이다.

다 문화 사회가 급속하게 이뤄지고 있다. 그래도 우리는 조금 덜한 편이다. 프랑스 축구팀을 보라! 얼마나 많은 흑인 선수가 프랑스 팀에서 뛰고 있는지. '저들은 아프리카 팀이 아닐까?'라고 할 정도로 급속한 세계화가 진전되고 있다. 서울거주 대학생 중 장단기 해외 어학 연수를 다녀오지 않은 사람이 없을 정도다.

내 것, 남의 것 국적이 흔들리고 있다. 정신을 바짝 차리지 않으면 순수한 우리의 것, 조상이 물려준 것을 다 잃어버릴 판이 되었다. 영화관에는 외제 영화가 판을 치고 젊은이의 의식 속에 서구식 사고가 자리 잡은 것처럼 말이다.

우리 자녀들의 혈액 속에 한국인의 특성을 가진 DNA가 흐르도록 해야 한다. 밥상머리에서 가훈의 정신이, 효행의 꽃밭에서 인성의 꽃이 피게 말이다.

가정교육의 핵심,
밥상머리교육으로 즉시 시작하라.

여성교육이 안되면 가정교육이 불가능하고
가정교육이 없이는 민족의 장래가 없다. - 조용욱교수

부모는 제1의 인간을 만들고 교육은 제2의 인간을 만든다. - 페스탈로찌

내가 네게 명하는 이 모든 말을 너는 듣고 지키라
네 하나님 여호와의 목전에서 선과 의를 행하면
너와 네 후손에게 영영히 복이 있으리라

(신12장28절)

- 어른이 오시기 전에 숟가락을 먼저 들지 마라.

- 어른이 식사하는데 먼저 일어서지 마라.

- 찬물도 위, 아래가 있다. 장유유서(長幼有序)

- 음식을 먹을 때 '후룩후룩' 소리를 내지 않는다.

- 다 먹은 후에는 반드시 '감사합니다', '잘 먹었습니다'라고 말한다.

- 고기 반찬은 어른이 드시고 나서 주실 때 까지 기다린다.

- 세수하고 손 씻기를 했는지 확인한다.

우리시대 아버지들에게 진정한 의미에서 밥상머리교육은 그저 식사예절에 불과했다. 오직 부모님에 의한 일방 통행식 의사전달 뿐이었다. 자녀가 지켜야 할 온갖 유교적 전통이 대부분이었다. 그러나 그것도 잠시 근대화 과정에서 사라져 버렸다. 가정의 식탁은 저마다 각기 다른 시간에 더러는 TV를 본다거나 스마트폰으로 문자를 하며 식사를 하는 등 밥상머리교육은 실종되었다. 그러나보니 학교는 인성교육부재에서 빚어진 온갖 사건 사고로 하루도 편할 날이 없어지고 말았다.

밥상머리교육은 어찌 보면 밥이라고 하는 소중한 생명수

단을 앞에 놓고 벌이는 부모 자식 간의 다양한 대화를 통한 **상호작용**이라고 보겠다.

가정활동은 자녀들의 생각하기·말하기·일하기·학습하기 등 다양한 측면에서 수행된다.

자녀가 받아야 할 육(肉)의 양식과 세상을 살아가기 위한 삶의 양식 모두를 흡수하는 시간과 공간이 되는 셈이다. 그만큼 밥상머리교육 즉, 가족간의 소통과 대화라는 역동적인 가족문화의 교감과 소통의 현장이다.

교과부에서 2012년 9월 **밥상머리교육**을 들고 나오다. ★

가정에서 응당히 해야 할 일을 국가에서 보다 못해 시작한 것이다. 부모들 입장에서 보면 황당하고 자존심 상할 법한 캠페인이다. 아마도 교육당국이 이런 사회운동을 주도하게 된 계기는 난무하는 학교폭력, 자살사건, 게임 중독 등의 원인을 추적한 바 가정에서부터 문제가 선결되지 않았기 때문에 그런게 아닌가 생각된다.

2012년 9월 한국갤럽이 수도권시민 1.000명(부모 800명, 자녀

200명)의 조사결과다.

초중고 자녀를 둔 가정 가운데 72.1%가 가족간 밥상머리 대화가 부족하다고 생각하는 것으로 드러났다. 온 가족이 모이는 식사 횟수는 주 1~2회라고 밝힌 초등생 자녀를 둔 가족은 식사 불참 구성원의 대다수는 아버지였다. 하지만 고교생의 경우 본인이 식사자리에 빠지는 경우가 52.7%로 가장 많았다. 초등생 보호자가 30대 후반에서 40대 초반이란 점은 사회활동에 중추적 역할을 한다는 점에서 일견 이해가 간다.

또한 밥상머리대화의 경우 모처럼 함께 식사를 한다 해도 대화가 잘 이루어지지 않은 것으로는 가족간의 공통 대화 주제가 없어서 41.2% 이였다. 식사 중 TV 시청 29.4%, 무슨 말을 해야 할지 몰라서 14%, 밥 먹는 데에만 집중 7.1%, 심지어 스마트폰 사용 5.9% 등이 뒤를 이었다. 조사 결과 밥상머리교육에 대해서 알고는 있으나 59%가 밥상머리교육은 예절교육이라고 엉뚱하게 생각하는 경향이 강했고 **심지어는 학업성적, 공부 같은 잔소리로 잘못 이해하는 경우도 있었다.**

즉 실제로 부모들은 하루 대화의 90% 이상을 '하라, 말라, 왜 안했느냐?'식의 잔소리 일변도이며 자칫하면 밥상머리교육이라는 명분의 이름 하에 또 한번의 잔소리를 한다면 본래 취지와 전혀 다른 결과를 가져 올 것이다.

밥상머리 교육 효과

(서울대 학부모정책연구센타 자료)

01. **아이들이 똑똑해진다.**(하바드대 캐서린 스노우 박사팀연구)

02. **아이들이 안정감을 느낀다.**(컬럼비아대 약물오남용연구센터)

03. **아이들이 예의바른 행동을 한다.**(류성룡가 케네디가 사례)

04. **아이들이 건강해진다.**(미네소타대학 EAT프로젝트)

05. **가족들이 행복해진다.**(미국 크래프트사 조사)

다섯 가지의 내용은 정리해 본다면, 아이들이 지능과 정서, 신체가 건강해지고 가족 간의 유대관계가 좋아진다고 말할 수 있다. 밥상머리 교육의 부가적인 열매들인 것이다. 이러한 결과들이 나오는 이유는 밥상머리교육을 통해 가족이 소통하게 되면 정서적으로 안정감을 얻고 서로를 신뢰하고 인정하게 됨으로 자아존중감이 높아지며, 학업과 인간관계 속에서도 좋은 결과를 나타내게 되는 것이다.

〈밥상머리의 작은 기적〉이란 책에서 보통 성적의 아이들과 상위권이 학생들의 가족식사횟수를 알아본 결과 상위권의 학생들은 일주일에 6회에서 10회 이상의 식사를 함께 한다고 한다. 가족 간의 소통과 정서적 안정이 성적에도 지대한 영향을 미친다는 것을 보여주는 작은 실례이다.

밥상머리교육이 지능에 도움이 되는 이유는 밥상머리교육을 통해 이성과 합리성을 관장하는 전두엽이 발달하기 때문이다. 후두엽의 편도체는 감정과 단편적인 지식들을 담는 단기기억을 관장하는 반면, 전두엽은 장기기억과 사고의 통합과 추론, 추상적인 사고를 하는 깊이있는 사고를 관장한다. 가족 간의 소통과 정성을 들여 준비된 영양가 높은 가정밥상은 자녀들의 지능에 영향을 미치고 있는 것이다.

 밥상머리 대화주제 무엇이 적당할까

밥상머리에서 대화주제의 조건이라면 기분이 좋고 긍정적이며 자녀사랑과 배려 중심의 말하기와 부모의 적극적 경청이 이루어져야 한다는 점이다.

학교공부나 게임, 용돈, 친구관계 등은 시간을 내서 다른 시간에 별도로 한다. 훈수하기, 훈계하기, 충고하기, 가르치기도 마찬가지다. 가급적 자녀의 생각과 현실을 듣도록 하는게 필요하다. **대부분의 가정에서 잘못된 대화로 말미암아 모처럼 갖게 된 대화시간이 오히려 분란만 일으키는 경우도** 조사되고 있다. 바람직한 대화의 조건은 바로 이런 점을 고

려한 대화가 바람직하다

01. **식사**(음식)

02. **날씨와 기상현황**

03. **가족행사**

04. **학교생활 및 방과 후 시간 활용 보고**

05. **최근 시사화제**

밥상머리교육 **실천지침** 

　　다음은 서울대 학부모 정책 연구 센타에서 제시한 실천지침 내용이다.

01. 주 2회 이상 가족의 식사의 날을 갖는다.

02. 정해진 장소와 시간에 모여 식사한다.

03. 가족이 함께 식사를 준비 정리한다.

04. 식사 도중 TV나 전화 사용은 삼간다.

05. 대화를 나눌 수 있도록 천천히 먹는다.

06. 식사하며 서로의 일과를 공유한다.

07. '어떻게 하면 좋을까'식의 열린 질문을 한다.

08. 부정적인 말은 피하되 공감, 칭찬은 아끼지 않는다.

09. 아이의 말을 중간에 끊지 말고 끝까지 경청한다.

10. 행복하고 즐거운 가족식사가 되도록 노력한다.

　　그 외 식사준비를 함께 나눠서 하고 설거지도 나눠서 한다.

학부모교육 열성도로 세계1위는 한국이지만, 가장 오랜 역사와 전통에 빛나는 밥상머리교육 국가는 유대인이다.

유대인계 미국인 빅터 M 솔로몬이 쓴 '유대인의 생활방식'이란 책에서 유대인 아버지의의 밥상머리교육과 어머니의 머리맡 베갯머리교육을 예로 들었다.

그들은 이 전통을 수천 년 동안 지금껏 한번도 바꾸지 않고 지켜 내려오고 있다.

유대인은 밥상머리 예배를 통해 하나님께 감사하고 아버지가 자녀에게 축복의 기도나 말을 하고 아이가 하나님을 만나도록 영적인 우물가로 만든다.

한 주일을 잘 보낸 것을 감사하고 새로운 한 주도 하나님께서 잘 보내게 해주실 것을 기도하는 시간이 바로 금·토요일이다. 유대인 아이들은 이 시간에는 어떤 잘못도 고백하면 용서된다. 이 자리에서 전통을 접하며 공손, 나눔, 절제, 배려, 감사를 배우고 실천한다.

우리도 이제부터 밥상머리를 통해서 세상에서 가장 따뜻한 곳은 가족과 함께하는 밥상이며 이 세상에서 가장 훌륭한 교실은 가족이 둘러앉은 밥상임을 인정하자. 우리 자녀에게 있는 모든 문제는 이곳에서 치료되고 회복되도록 부모가 사랑과 기도로 밥상을 준비하고 이 길이 가정의 행복을 다짐하는 길임을 잊지 말자.

부모의 사랑을 느끼는 아이가 잘못된 길로 접어들었다 해도 날마다 자신을 향한 부모님의 뜨거운 기도를 자녀들은 외면하지 못할 것이다.

부모가 함께 주 1~2회도 식사를 함께할 수 없을 정도로 바쁘다고 하는 것은 자녀교육에 있어서 우선순위를 일에 두기 때문이다. 무엇이 더 소중하고 중요한지 그것을 분별하고 실천하는 사람은 평생 후회가 없지만 잘못 판단하여 자녀교육보다 일을 더 우선한다면 자녀교육은 그르칠 것이다. 그리고 끝내는 후회할 것이다. 매주 수요일을 천하에 중요한 약속을 제쳐두고 가족과 식사하는 날로 시작하자. 그것이 자녀교육에 성공하는 부모의 첫 발자국이다.

가훈, 애완견은 혈통을 따지면서
자신의 뿌리도 모르는 아이들

사방 백리 안에 굶어 죽는 사람이 없게 하라.
흉년에 땅을 사지 마라. – 경주 최부자집 가훈

자녀들아 너희 부모를 주안에서 순종하라
이것이 옳으니라 네 아버지와 어머니를 공경하라
이것이 약속 있는 첫 계명이니
이는 네가 잘되고 땅에서 장수하리라
(엡6장1~3)

개인의 가훈이 국가적인 가훈으로 승화된 것 중에는 다음과 같은 것들이 널리 알려져 있다. '물고기를 잡아주지 말고 물고기 잡는 방법을 알려주라'라고 한 유태인의 민족 가훈, 일본인의 '남에게 폐를 끼치지 마라라', 미국인의 '남과 나누어라', 독일인의 '자기 것과 남의 것을 분명히 구분하라', 한국인의 '남에게 기죽지 마라라' 등 이처럼 국민성을 나타낸 가훈도 있다. 반면에 공동체에도 공동체를 움직이는 정신적인 核(핵)이 있다.

학교에는 교훈이 있고 반에는 급훈이 있다.
ex. 인내, 노력, 성실, 실력, 진리, 진실

회사에는 사훈이 있다.
ex. 핵심역량강화, 현장경영, 고객중심, 사회공헌, 신지행33(삼성)
　　신용과 의리

군 내무반에는 군기가 있다.
ex. 군기엄정, 사기, 안전, 전투력배양, 강군육성, 초전박살,
　　백전백승

교회에도 비젼이 있다.
ex. 하나님을 사랑하고 이웃을 섬기자

　가훈, 교훈, 사훈, 군기는 공동체 그 구성원의 삶의 목적과 목표를 지향한다.

　가훈은 가문과 가정의 행복한 현재와 번영될 내일을 위한 가정의 헌법이다. 인간은 법이 없으면 반드시 타락하게 되어 있다. 왜냐하면 죄의 속성을 타고났기 때문이다. 그래서 가정의 헌법을 만들고 가족의 일원으로 그 법속에서 자유롭고 평화롭게 살아가는 것이다.

　그러나 불행하게도 산업화와 핵가족사회로 접어들면서 **애완견의 족보와 혈통은 따지면서 우리네 족보나 가훈은 거의 상실되고 말았다.**

　인디안에게는 그들 나름의 전통과 가훈이 있다. 하물며 문화민족으로 우리의 전통을 자랑하면서 가정에 가훈이 없다는 것은 그 집의 일관된 가족 혼이 없다는 슬픈 이야기다. 아무리 분주한 현대인의 삶이라고 해도 가훈에 쏟을 시간은 누구에게나 있을 수 있기 때문이다.

　한국최고의 가훈인 6훈처럼 가훈은 하나의 가족, 한 가문의 역사를 통하여 흘러가는 정신의 강물과 같은 것이다. 다시 한 번 이번 기회에 가훈의 유래와 가훈의 현대적 의미 그리고 잊을 수 없는 명가의 가훈을 살펴보고 어떤 가훈이 꼭 필요한지를 생각해보는 기회로 삼자.

　　　　　　　　　　　　　　　　　　　　천로역정의 부모들

01. 진사(제일 낮은 벼슬, 단순 명예직)이상의 벼슬은 하지 말라. 높은 벼슬
에 올랐다가 휘말려 집안의 화를 당할 수 있다.

02. 재산은 1년에 1만석(약 5천 가마니)이상을 모으지 말라, 지나친 욕
심은 화를 부른다. 1만석 이상의 재산은 이웃에 돌려 사회에 환
원하라.

03. 손을 후하게 대접하라. 누가 와도 넉넉히 대접하여, 푸근한 마음
을 갖게 한 후 보내라.

04. 흉년에는 남의 논, 밭을 사지 말라. 흉년에 먹을 것이 없어서 남들
이 싼 값에 내 놓은 논밭을 사서 그들을 원통케 해서는 안 된다.

05. 가문의 며느리들이 시집오면 3년 동안 무명옷을 입혀라.(3년 동안
비단 옷을 입히지 마라.)

06. 사방 100리 안에 굶어 죽는 사람이 없게 하라. 특히 흉년에는

---

* (조선1600~1950) 12대 300년에 걸쳐 경주지방 만석군 최부자의 가훈으로
일제하 독립자금제공 및 전 재산을 영남대에 기부한 한국 부자의 모범을 보
인 한국 최고(最古)의 가훈으로 친다.)

양식을 풀어라.

　부모는 자녀에게 자신의 위치를 알려주어 가문의 피해가 되지 않는 사람이 되도록 가르쳤다. 또한 가문을 일으켜 세우고 노력하는 효자로 키웠다. 자긍심은 족보가 말해주는 중요한 교훈이며 우리나라 왕실의 역사나 선비의 역사가 말해준다.

 전통적인 가훈의 실례

검소 / 검덕 / 경애

가화만사성 / 경천애인 / 대기만성

자강불식 / 일언천금 / 수신제가

온고지신 / 정치·정판·정행(바른 다스림, 바른 판단, 바른 행동)

인의예지신 / 백인극백난 / 자승자강

인지위상(忍之爲上) / 무실역행 / 절차탁마

정직한 사람, 현명한 사람, 노력하는 사람

내직이외곡(생각은 길게 하며 마음은 넓게 갖고 뜻은 크게 품어라)

01. 남편과 내가 우리 자신과 자녀에게 평상 시 일상생활 속에서 강조하는 것, 또는 하고 싶은 말을 순서대로 기록해 보자. 자녀의 나이가 어리다면 걸맞게 만들어 보자.

남편	강조하는 말	대 상
	예) 물건을 아껴써라.	첫째아이

나	강조하는 말	대 상
	일찍 자라.	막내

자녀	강조하는 말	대 상
	약속을 꼭 지키세요.	어머니
	나하고 많이 놀아주세요.	아버지

02. 위의 내용을 종합하고 가족 구성원들과 상의하여 우리 가정의

가훈을 만들어 보자.

03. 만들어진 가훈을 액자에 넣어 집 안 거실 등에 게시한다.

04. 자녀 성장 시기에 따라 변화를 준다.

가정헌법 만들기 법무부 가족 캠페인

법무부가 최근 한국사회의 가훈의 필요성에 대해서 캠페인을 벌였다. 종전의 가훈이 조금 가부장적 권위를 풍긴다면 새로 나온 가정헌법은 가족 스스로 각자에 맞는 맞춤헌법이란 측면에서 의미가 있다고 본다. 가정의 행복을 위해서 가족구성원이 지켜야 할 최소한의 규율을 토론을 통해 만들고 실천함으로 가훈이 민주주의 훈련과정이 되고 선진법치사회를 만들어 화합에 이르자는 취지이다.

그 내용은 누구나 쉽게 지킬 수 있는 것으로 하되 각자에게 맞는 것으로 한다는 점에서 종전 가훈과 다르다. 즉, 종전 가훈은 부모자녀가 같았으나 가정헌법은 다르다.

예를 들면

– (자녀의 경우) 컴퓨터게임은 주1회 1시간만 한다.

– 사랑이 넘치는 우리 집

- 바른 말 예쁜 말 속에 행복이 싹트는 우리집

- 아름다운 우리 집 우리가 만들자.

- 오늘 할 일 내일로 미루지 말자.

와 같은 형태를 띠고 있다.

신앙인의 가훈 이스라엘 백성들의 쉐마[**]
구약성경 속의 가훈

BC 1400여년 전 모세가 하나님의 말씀으로 가르치기를,

너와 네 아들과 손자로
평생에 네 하나님을 경외하며
너희에게 명한 그 모든 규례와
명령을 지키게 하기 위한 것이며
또 네 날을 장구케 하기 위한 것이라.
이스라엘아 듣고 삼가 그것을 행하라
그리하면 네가 복을 얻고

[**] 쉐마(shema) : 유대교에서 매일 아침저녁으로 기도하면서 읽히는 성서
또는 '이스라엘아 너희는 들으라.'라는 뜻, 유대인의 신앙고백

네 열조의 하나님 여호와께서 네게 허락하심같이
젖과 꿀이 흐르는 땅에서 너희 수효가 심히 번성하리라.
이스라엘아 들으라
우리 하나님 여호와는 오직 하나인 여호와시니
너는 마음을 다하고 성품을 다하고
힘을 다하여 네 하나님 여호와를 사랑하라.
오늘날 내가 네게 명하는 이 말씀을 너는 마음에 새기고
네 자녀에게 부지런히 가르치며
집에 앉았을 때에든지 일어날 때에든지
이 말씀을 강론할 것이며
너는 또 그것을 손목에 매어 기호를 삼으며
네 미간에 붙여 표를 삼고
또 네 집 문설주와 바깥문에 기록할지니라. (신명기6:1-9)

위에 기록한 4-9절의 말씀은 하나님께서 모세를 통해서
이스라엘 백성들에게 주신 명령과 규례와 법도이다.

제자교회 박영규목사님 가훈(좌우명) 12가지

저는 늘 삶 속에서 12가지를 삶의 목표와 좌우명으로 삼

　천로역정의 부모들

고 실천하려고 노력하고 있습니다.

01. 愛 하나님과 이웃과 가족을 사랑한다. 나라와 자연을 사랑하고
    보호한다.

02. 信 하나님을 변함없이 잘 믿고 신의를 지킨다.

03. 德 교회와 남에게 덕을 끼치고 남을 배려하는 삶을 산다.

04. 義 정의롭게 살며 불의를 배격한다. 주님과 정의 편에 선다.

05. 忠 하나님과 나라에 충성한다.

06. 禮 예절을 지키며 품행을 바르게 해서 모든 이에게 모범이 된다.

07. 仁 忍 두 가지 인이다.
    ① 어질고 착하게 산다.
    ② 주님과 사명과 영혼을 위해 인내한다.

08. 孝 하나님과 부모님께 효도하고 형제자매 우애 있게 지내고 자
    손들을 잘 가르친다.

09. 聖 하나님의 거룩하신 성품을 닮아 경건한 삶을 산다.

10. 智 하나님의 성령의 지혜로 지혜롭게 살며 성경과 삶의 지식을
    쌓고 실천한다.

11. 福 하늘의 신령한 복과 땅의 원천의 복을 받아 나누는 삶을 산다.

12. 康 건강하고 평강이 넘치는 삶을 살기위해 절제하고 검소하게
    산다.

자녀에게 남겨줄 이보다 아름다운
유산은 없다. 신앙교육

Educate men without region and you make them but clever devil.
신앙 없이 교육시킴은 영리한 악마를 만드는데 불과하다. -웨링톤

하나님이 세상을 이처럼 사랑하사 독생자를 주셨으니
이는 저를 믿는 자 마다 멸망치 않고 영생을 얻게 하려하심이라
(요한복음 3장16절)

크리스천 정신의학자 폴 마이어교수는 여러 전문가의 연구를 종합하여 성인이 되었을 때 갖는 인성의 85%정도는 이미 여섯 살이 되었을 때 형성된다는 연구결과를 발표하였다. 십대나 성인들의 성격과 행동들은 그것이 좋든 나쁘든, 강하든 약하든, 현재 처한 환경의 소산일뿐더러 어린시절의 경험의 결과일 가능성이 훨씬 크다는 이야기다.

청소년 수형자 중 대다수는 '불우한 어린시절의 환경과 제대로 놀아본 경험이 없고, 대화부재의 가정, 사랑의 표현을 받아 보지 못한 가정의 아이였다'라는 것이 특징이란 점에서 서로 공통점을 이룬다.

청소년은 12년 동안 도덕교육을 비롯하여 수많은 인성교육을 밤낮없이 수시로 받는다.

그러나 가정에서부터 한번 구부러져 자란 나무를 다시 펴는 일은 말처럼 그렇게 호락호락하지 않다. 또한 바른 아이조차도 열악한 사회 환경이 아이들을 오염시키는 것을 모두 다 완전하게 막아낼 도리가 없다. 그러던 중 나는 불우한 환경의 아이들 중 신앙생활을 성실히 하고 있는 아이들에게 관심을 갖기 시작했다.

그들은 충분히 엇나갈 수 있는 열악한 환경이었음에도 불구하고 행동이 바르고 반사회적 행동도 하지 않았다. 이 점에 착안하여 그 이유가 무엇인지 찾아보았다.

그 아이들은 교회 주일학교에서 무엇을 배울까? 학교가 6년간 아니 12년 동안을 다해도 못하는 인성교육을, 그것도 아이들을 순결하고 때 묻지 않도록 하고 있는 그것은 도대체 무엇일까? 신앙교육은 우리사회에서 반사회적 아이들을 인도함은 물론 훌륭한 인물로 양성시키는 지름길이 될 것이다. 특히 부모님이 어떤 종류의 종교를 가지고 있던 자녀들의 미래를 위해서 꼭 한번 귀를 기울일 필요가 있어 보인다.

 **신앙교육 필요성**

영적인 성장은 세상을 바라보는 시야 자체를 깊고 넓게 해준다. 세상교육이 중요시 하는 것은 부(wealth)와 효율성(efficiency)이다. 하지만 여기에 부족한 것은 나눔과 비움과 희생의 가치이다. 영적인 성장은 이런 가치들을 우리에게 가져다준다. 이런 성장이 없이 어찌 우리의 삶에 균형이 있다고 말할 수 있겠는가?

유명한 심리학자 폴 투르니에는 말한다. **"사람은 누구도 자기 혼자서는 자기 자신을 이해하지 못한다."** 다른 사람과 만남으로서 자신이 누구인지 비로소 알게 된다. 이처럼 아이들, 청소년들은 교회 안에서 주안에 아름다운 친교와 목사님이나 전도사, 교사 등 영적 멘토를 만나 인간적 영향력을 받는다. 상처받은 영혼은 치유되기 위해서 하나님의 말씀들 안에 역사하심을 통해 거룩하게 성화되어 갈 것이다. 이것이 바로 신앙교육의 필요성인 것이다.

누가는 예수님의 성장 과정을 다음과 같이 설명하였다.

천로역정의 부모들

"예수는 그 지혜와 그 키가 자라가며 하나님과 사람에게 더 사랑스러워 가시더라(누가복음 2:52)." 예수님은 지적(그 지혜), 신체적(그 키), 사회적(사람에게) 성장과 아울러 영적인(하나님과) 성장을 같이 하심으로 균형 잡힌 성장을 이루셨다는 것이다.

현실적 필요는 없을까?

일상생활도 신앙을 가진 아이들이 그렇지 않은 아이들에 비해서 학교성적이 우수하다는 아이오아 대학의 발표다. 이 아이들은 1994년부터 국립 청소년 보건 연구원으로부터 확보한 7~12학년 대표 표본을 분석한 것으로 80개 지역사회 13개 학교 학생들이다. 10대들의 GPA(4.0만점의 내신 성적)는 예배에 참석하지 않은 아이들에 비해 평균 0.144점 높았다. 이는 부모가 4년제 나온 부모와 고졸학력의 부모의 격차 0.12점과 비슷한 결과다. 또 교회를 다니는 아이들의 중퇴율이 낮고 학교생활에 애착이 더 강한 것으로 나타났다.

연구팀이 밝힌 이유로는 첫째, 학생들은 모델이 될 수 있는 다양한 연령층의 어른들과 정기적으로 접촉한다는 점이고 둘째, 그들이 같은 기준의 또래들과 친분을 쌓는다는 것이고 셋째, 더 많은 건전한 사회활동을 한다는 것이고 넷째, 그

들 부모 역시 자녀들의 친구또래 부모들과 더 많이 교제한다
는 점이였다. 다음은 신앙 인물에 대해서 우리자신과 자녀들
에게 주는 인생교훈을 살펴본다. 부모의 기도가 만든 록펠러
이야기다.

 ## 록펠러의 어머니 신앙교육

록펠러 평전에 의하면 그의 자신을 보는 잣대는 엄격히 하
였다고 한다. 주급 4달러를 받던 초보시절 그는 하루도 빼놓
지 않고 장부를 기록, 한 푼도 소홀하지 않고 수입과 지출, 저
축과 투자금, 사업과 자선금의 내역을 작성해 나갔다고 한다.

매주 싸구려 하숙집 집세로 1달러, 소액기부금 75센트,
침례교회헌금 5센트, 빈민구제금으로 10센트, 해외선교에
10센트 등등. 자신의 신앙과 실천에 성실하고 이웃을 섬겨
야 자신도 섬김을 받는다는 성경의 황금률 원칙에 충실하였
다. 그가 55세 불치병에 걸렸을 때 **'주는 자가 받는자 보다
복되다'** 라는 자신이 입원했던 병원복도의 글귀를 읽고 크게
회심한 뒤 오늘날 같은 자선가로 변신하게 되었다고 한다.

록펠러는 갓 31살에 세계 최고의 부자가 되고(오늘날 빌게이츠

와 비교하면 13배 부자), 시카고 대학교 등 24개의 명문대학을 설립하여 사회에 환원하였고, 4,928개의 교회를 지어서 하나님께 봉헌한 세계 최고의 부자, 세계 최고의 석유왕, 세계 최고의 사회사업가였다. 러시아국토와도 바꾸지 않는다고 하는 센트럴파크 공원도 그가 기증했다. 또한 뉴욕 시민이 수도물을 평생 무료로 먹을 수 있도록 하였고 록펠러 연구소를 통해서 많은 생명을 살렸으며 의학의 진보발전에도 크게 기여하였다.

그 비결은 바로 록펠러의 어머니가 아들에게 물려 준 신앙의 유산 때문이었다. 평생을 아들을 위해 기도하고 신앙을 유산으로 물려 준 어머니가 계셨기에 록펠러 같은 훌륭한 청지기가 탄생 된 것이다. 점점 어두워져 가는 세상에 바른 아이를 키우고 싶고, 훌륭한 아이로 키우고 싶은 마음은 모든 부모들의 마음일 것이다. 우리 가정도 이런 10계명을 만들어 보자.

록펠러의 어머니 신앙유산 10계명

제일은, 하나님을 친 아버지 이상으로 섬겨라.

제이는, 목사님을 하나님 다음으로 섬겨라.

제삼은, 주일예배는 본 교회에서 드려라.

제사는, 오른쪽 주머니는 항상 십일조 주머니로 해라.

제오는, 아무도 원수로 만들지 말라.

제육은, 아침에 목표를 세우고 기도해라.

제칠은, 잠자리에 들기 전에 하루를 반성하고 기도해라.

제팔은, 아침에는 꼭 성경을 읽어라.

제구는, 남을 도울 수 있으면 힘껏 도와라.

제십은, 예배시간에는 항상 앞자리에 앉아라.

기도하는 어머니, 신앙을 유산으로 물려 줄 줄 아는 어머니, 참된 신앙의 본보기가 되는 어머니. 이런 어머니가 되고 싶다면 자녀들을 위해 이렇게 기도하라고 모범을 보여주는 사례다. 신앙을 유산으로 물려주고 참사랑으로 자녀를 키운 록펠러의 어머니의 기도이기도 하다. 자녀를 위해 기도하는 어머니, 어린 시절 신앙 십계명을 어린 록펠러에게 물려준 신앙유산은 과연 무엇일까? 살펴본다.

천로역정의 부모들

조기유학의 장단점
: 누가 우리 "기러기" 아빠를 죽였나!

a mam without a wife, a house without a roof
아내가 없는 남자는 지붕 없는 집 – 영 속담

a fool at forty is a fool indeed.
나이 사십에 바보면 정말 바보다. – 영 속담

정확하지도 못한 미래 때문에 현재를 희생시키고 속박하며
장래희망 때문에 어린시절을 불행하게 할
엉터리교육을 시킨다는 것은 생각 할 수 없는 것이다. –엘빈 토플러

상당수 부모들이 우리 교육제도 하에서 자녀들의 장래를 불안해하는 나머지, 유학가는 경우의 주된 이유로 글로벌 시대의 주력무기인 외국어 마스터와 주입식교육과 대졸실업이라는 문제를 염두에 두고 결행한 것이 대부분이다. 그러나 반대로 '묻지 마 유학'의 효과에 대해서 상당수 회의적 반응

을 나타내는 경우도 많다. 즉 많은 비용대비 그 효과를 의문시하는 경우도 많아서 상당한 유학정보가 없는 묻지마식 유학은 최근 급격히 감소하고 있다.

유학의 긍정적인 부분

01. 언어를 습득하기 좋은 시기 초등 4~6학년 정도에 보내면 중학교에서 2년, 고등학교 3년, 성인 4년 걸릴 영어습득시간을 단축할 수 있다.

02. 자립심을 키우거나 자기정체감 형성이나 애국심을 키울 수 도 있다.

03. 세상을 보는 눈이 넓어지고 사물을 보는 관점, 이해의 폭을 넓힐 수 있다.

04. 어차피 대학입학시험에 영어는 합격과 불합격을 좌우하는 중요한 과목이다.

05. 귀국 후 복학하거나 외국에서 유수한 대학까지 마치고 국내 대학의 교수나 연구원 등 고급 인재의 꿈을 키울 수도 있다.

06. 대학특차전형으로 국내에서 고3의 힘든 시기를 거치지 않고 대입혜택을 볼 수도 있다.

07. 글로벌 시대 필수도구인 어학실력을 갖추고 또한 해외에서 자기의 꿈을 펼칠 수도 있다.

08. 영어울렁증 극복으로 귀국 후 자신감 획득 등이 있다.

천로역정의 부모들

01. 아이의 정서적인 불안, 사회성문제

2000년 초 대비 2012년 외국으로 가는 유학생수가 줄어들고 있다. 유학에 대한 장점이 있음에도 불구하고 그 폭이 감소한 것은 그만큼 조기유학에 대해서 많은 정보와 심사숙고가 필요해 보인다. 시기문제도 나이가 어리면 우리말도 익숙하지 않은데다가 영어로 인해 혼란을 가져 올 수 있으므로 대체로 초등 4학년부터 추천한다. 12세 미만아의, 캐나다 유학의 경우 부모동반을 의무화 하고 있다. 특히 비자발급문제도 있고 그 외 부모와 함께 가지 않는 경우 아이의 정서적인 불안, 사회성문제가 대두될 수 있다.

02. 가정의 행복을 볼모로 지구상 유래 없는 일

외국에서 공부해 아버지 세대보다는 조금 더 편하게 살 것이라는 희망에 아버지들이 오히려 가족들의 외국행에 적극적인 경우가 많다. 하지만 혼자 남는 기러기 아빠의 생활은 정신적·육체적으로 모두 흔들리기 쉬운 것이 사실이다. 그리고 행복한 가정이란 측면에서 다분히 행복할 수 없는 결혼의 형태다. 서구인들은 납득 할 수 없다고 한다.

03. 기회비용에 관한 경제적 입장에서 고려가 필요하다.

투자한 유학비용 대비 얻을 수 있는 유학효과를 비 유학 때와 비교해 본다.

성공적인 미국유학을 위한 5가지 조건

첫째, **자녀 본인이 유학에 대한 확고한 의지를 가지고 있어야 한다.**

부모의 강요나 국내 공교육의 부적응에 대한 회피성유학의 경우 성공적인 유학생활이 이루어지기 어렵다. 기회를 만들어 교환학생이나 공립학교 유학을 통하여 단기적으로 유학생활을 경험한 뒤에 본인이 유학을 결정한다면 큰 실패를 예방할 수 있다.

둘째, **유학의 목적과 전체적인 로드맵이 설정되어야 한다.**

최소한 영어는 배울 수 있다는 소극적 유학은 더 이상 경쟁력을 가질 수 없다. 영어실력을 갖춘 학생들은 넘쳐나고 있다. 중요한 사실은 장래 진학에 대한 목적과 장기적인 유학생활을 어떻게 하겠다는 유학의 시작에서 끝까지 로드맵을 가지고 있어야 한다는 점이다.

셋째, **성격적인측면을 고려해야한다.**

보딩스쿨*의 경우 기숙사의 규정을 잘 따를 수 있는지 홈스테이의 경우 그 가정의 문화에 순응할 수 있는지 유학 전에 유학적성검사 같은 것을 받아 보는 것도 하나의 방법이다.

---

* 보딩스쿨(boarding school) : 미국 사립학교 중 기숙사가 있는 학교 → 데이스쿨

천로역정의 부모들

넷째, 유학은 장기적인 것이기에 재정적 측면에서 충분히 고려
해야한다.

보통 유학경비의 20~30%가 더 소요될 수 있기에 학교나 지역
선정시 충분한 여유를 가지고 결정해야 한다.

다섯째, 방과 후 학생 밀착 관리 프로그램이 잘 운영되는지

방과후 honor Class 유지나 진학에 대한 선행학습과 맨토역
할이 잘 이루어지는지 또는 유학 기간 중 학생들에 대한 비전
제시나 단계별 목표를 제공하는 프로그램을 가지고 있는지 확
인해야 한다.

– 유학전문기관 한미교육연구원 원장 steve Yang

태권도, 당신의 자녀를
신라화랑의 후예로 부활시킨다.

자기의 재능을 스스로 아는 사람으로서
뒷날 성공하지 않은 사람이 없고
자기의 재능을 스스로 모르는 자로서
성공하는 자 없다. – j 스위프트

네 시작은 미약하였으나 네 나중은 심히 창대하리라
(욥8장7)

값으로 산 것이 되었으니
그런즉 너희 몸으로 하나님께 영광을 돌리라
(고전6장20절)

특기 재량과목에 따른 추천사유

01. 태권도

체력 | 근력, 지구력, 다이어트, 민첩성, 평형성, 안정성

인성 | 예의범절, 주의, 침착성, 집중력, 극기, 자신감, 용기. 주도성 등

02. 바둑(체스)

인지적 측면 | 기억력, 공간지각력, 계획수립, 수리분석력

심리사회적 측면 | 극기, 의사소통, 인내심, 침착, 집중력, 판단력 등

03. 웅변(스피치)

인성전반 | 정서적 안정, 자기완성, 침착, 집중(몰입), 주의력, 개방성, 규칙, 독창성, 정신수양, 조화된 인간성

04. 체육(수영, 골프 음줄, 축구 등)

체력 | 스트레칭, 자세교정, 질병치료, 예방, 근력, 지구력, 심폐력, 민첩성

인성 | 사회성, 인내심, 집중력, 두뇌개발, 극기, 용감성, 자신감, 사교성

05. 중국어

미래사회에서 중국이 차지 할 위상은 세계의 중심이라고 보는 시각

06. 한자

학습 | 우리역사 우리말의 저변을 이해, 계승, 발전측면에서 필요성

국어 및 교과목의 도움 | 이해력, 표현력, 어휘력 신장의 원동력 제공

07. 국악(우리소리)

인성 | 두뇌발달, 창의력, 집중력, 기억력, 안정감, 협동심, 단결력, 이완

학습 | 우리 전통문화의 뿌리이해, 자긍심, 음악성개발, 국제화 시대의 무기

사람에게는 누구나 자랑스러운 특기가 있다. 그것으로 자신의 정체성을 타인과의 조화를 이룬다. 학창시절 귀하게 주어진 시간을 어떤 특별활동에 사용할지 신중에 신중을 가려 선택하지 않으면 엉뚱한 곳에 귀중한 시간과 노력을 낭비하게 된다. 여기 소개된 것 외에 학부형들이 피아노나 미술 그 외 여러 가지 특기교육을 하나 둘 또는 그 이상 교육시키고 있다. 특히 조기교육은 학습과 인성, 체력, 장래희망 등과 연계된다. 이상적인 특기교육이 많지만 사람들의 주목을 받지 못하는 것들을 위주로 여기에 소개한다. 그 이유는 학습과 인성, 체력에 꼭 필요하기도 하지만 글로벌세계에 나아가려면 더욱 필요하기 때문이다.

　　대다수 학부형들이 범하는 일반적 실수 중 하나는 자기만이 자녀를 가장 잘 안다고 하는 그릇된 확신이다. 물론 일견 일리가 있어 보인다. 그러나 자기 자식을 객관적으로 바라본다는 것은 매우 어렵다. 담임교사의 의견을 참고하면 어떨까? 예컨대 아이가 주의가 산만하여 수업에 집중을 못하고 있는 상황에 축구학원에 보낸다면 더욱더 야성적으로 돌변해서 아예 공부와 멀어질 수도 있다는 이야기다. 그런 아이에게는 집중력을 키우는 최고의 치료제로서 바둑이나 서예 특별활동이 제격이다. 이런 기초적인 상식도 없이 이 학원, 저 학원 학원순례를 하는 것은 아이의 귀중한 시간과 노력을 헛되이 소비함은 물론이요, 잠재능력계발과는 더욱 멀어질 뿐이다. 여기 추천한 특기교육은 현직교사들이 추천한 건강한 내용의 것이다.

01. 아동과 가정 상황 등 종합적 고려를

학년, 나이, 지능, 취미, 흥미, 소질, 지능 등 여러 가지를 고려하자. 상당수 아이들이 부모의 권유, 친구 친척의 권유로 이 학원, 저 학원을 순례하는 것은 지극히 귀중한 아이의 삶 자체를 망가뜨리는 부모의 자아도취의 결과이다. 아이의 상태를 면밀하게 파악하기 위해서 반드시 담임교사와 상담하여 결정하자. 담임교사는 아이의 모든 것을 잘 알고 있기 때문이다.

02. 아이의 정신, 신체의 보완적 측면에서 고려를

주의력이 산만한 아동에게는 위에서 언급한 특별활동을, 자신감이 없는 내성적인 아이라면 태권도, 축구 체육학원을, 글로벌인재로 키우고 싶다면 중국어 등이 보완적 차원에서 오히려 득이 될 것이다.

03. 맞벌이나 특수 환경 아이들의 경우

이런 아이들은 학교에서 운용하고 있는 교과 및 악기 등 1인1기 특기적성프로그램을 추천하고 싶다. 시간도 적절하게 보낼 수 있고 컴퓨터 게임 중독 예방차원에서도 시간을 합리적으로 사용 할 수 있기 때문이다. 평소 시간부족의 경우 방학 중 방과 후 활동도 가능하다.

04. 특기적성교육은 장차 꿈나무를 위한 최고의 기회비용이다.

학교공부에 주력한 나머지 자기에게 맞는 직업선택의 잘못으로 인한 비용이 천문학적이다.개인의 재능과 적성에 맞는 직업교육의 부족으로 국가적으로 19조의 기회비용이, 과잉 교육비로 39조원이 지출 되었다.(2012년 5월 30일 KBS 뉴스보도) 일찍부터 자신의 적성과 특기 진로에 대한 탐색의 노력 부족으로 빚어진 비극이다. 특기적성교육은 다양하지만 학교공부에 직·간접적으로 도움을 주는 특기교육을 추천한다. 그 다음으로 장래 직업과 연결 될 수 있는 것을 일찍부터 발견하여 교육한다면 금상첨화라 하겠다. 여러가지 특기 중 지면 관계상 태권도 한 종류만 소개한다.

　　　　　　　　　　　　　　　　　　천로역정의 부모들

태권도는 신라 화랑의 후예로 부활한 올림픽 종목 

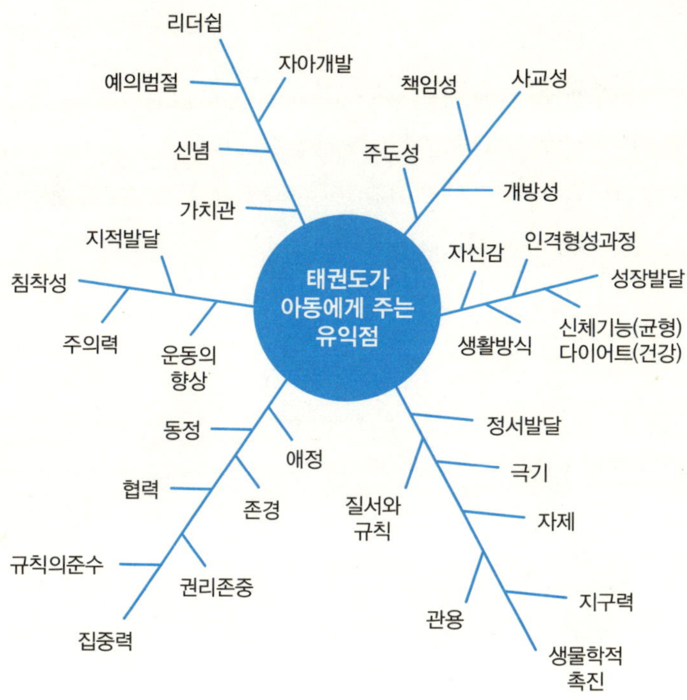

　　초등학생 시기는 발달단계로 보면 움직임 욕구가 극도로 왕성하고 운동을 통한 지적 신체적 발달에 영향을 주는 중요한 시기이다. 무분별한 서구식 교육사조와 더불어 주지교과 위주의 학교 경쟁 분위기는 아이들의 체력을 애늙은이로 전

락시켰다.(과거 학생에 비해 영양이 풍부하나 상대적으로 근력, 지구력 등이 크게 저하되었다.)

또한 신체를 움직이는 놀이 활동의 자리에 컴퓨터 게임 문화가 자리 잡고 있으며 그 피해가 상상을 불허할 정도로 심각한 실정에 이르고 있다.(초등생 10.8%가 게임에 중독 2009년 통계) 결국 기성세대의 잘못된 교육 방법이 아이들의 정신적, 신체적 황폐화를 몰고 왔다고 여겨진다. 따라서 지금부터라도 '지·정·의'가 균형 잡힌 아동 발달이 이뤄지도록 움직임 욕구에 시간을 안배하는 노력이 우선되어야겠다.

태권도의 효과

태권도는 동양의 철학사상을 내재한 무도로서 한국인의 긍지와 자부심을 갖게 하는 동시에 민족무예로서 전승되어 온 문화유산이다. 또한 자기 훈련을 통한 자아 극복의 수련 과정을 거쳐 대아의 경지에 이르게 하는 행동철학을 갖고 있는 무도이다. 특히 태권도의 특성은 신체활동, 맨손투기, 교육성, 한국적 고유성의 네 가지로 분류할 수 있다.

호신을 위한 목적, 지적·정서적 발달 및 사회성·도덕성 배양뿐만 아니라 건강유지 및 증진시키기 위해서 배우는 경우가 많다. 태권도는 힘과 절제, 정확성과 속도를 동시에 요구하기 때문에 근력을 쌓는 연습, 준비운동, 순발력 연습, 기술수련, 자유겨루기 그리고 묵상과 같은 다양한 육체적 훈련을 쌓지 않으면 완벽한 기술을 체득할 수 없다. 그리고 태권도는 심폐기능과 연관된다는 의미에서는 달리기, 크로스컨트리, 스키 등과 유사하며, 무용과 유사한 운동기술을 요구하며, 심장 박동을 적당한 수준으로 낮추어 주며, 혈액 속에 산소공급을 증가시켜 준다.(김대식, 김광성, 1987) 결국 태권도를 수련함으로서 신경, 근육 및 순환계의 기능을 촉진시켜 건강을 유지, 증진시켜 질병으로부터 자신의 신체를 보호할 수 있도록 한다.

인성(personality)에 미치는 효과 

인성은 지성, 능력, 습관, 태도, 신체적 특성에 이르기까지 많은 개념을 함축하고 있다. 따라서 인성의 개념은 매우 다의적이고 포괄적이다. 이와 관련하여, Allport(1960)는 인성의 개념을 '한 개인이 환경에 대하여 그 나름대로의 독특한 방식으로 적응하려고 하는 정신적·물리적(psychophysical)

체계로서, 개체내의 역학적 조직'이라 주장한 바 있다.

따라서 태권도 수련생들의 개성과 인품은 물론 능력, 습관, 태도 등 인성을 말한다. 또한 태권도는 거시적인 의미로서, 수련생의 인내심, 집중력, 침착성, 자신감 그리고 예의범절까지 아우른다.

초등학생 신체구조와 태권도

강길현(1997)의 연구에 따르면 태권도 수련인구 중 7세부터 12세 아동이 약 65% 이상을 차지한다고 하여 태권도가 단순히 신체단련과 정신 수련이 목적뿐만 아니라 아동기의 성장 발달, 건강상태, 생활방식에 많은 영향을 줄 수 있는 스포츠라 할 수 있다.

아동이란, 대체로 실 연령이 6세에서 12세 정도까지의 어린이를 말하며 이는 우리의 학교수준으로 말하면 초등학교 어린이가 그 대상이 된다. 이 시기의 어린이는 신체 구조적으로 그리고 신체 기능적으로 급격한 변화를 일으키는 시기에 속해 있다. 골격과 근육의 양적, 질적 증가가 급격할 뿐만 아니라 신장, 체중 등의 체격요인에 있어서도 변화가 심한 나이가 바로 아동기이다. 따라서 정상적이고도 균형 있는 신체적 발달을 위한 조건이 갖추어져야 함은 당연한 논리이다. (키 크기 위해서 굳이 병원가지 않아도 될 정도로 자연스럽게 큰 도움이 된다.)

따라서 초등학생은 발달의 기초가 되는 중요한 시기에 있으므로 생활지도나 성격형성 면에 보다 많은 도움이 필요하다. 특히 초등학교 3학년부터 6학년의 시기는 체격의 성장 및 체력의 증가가 매우 크다.(국기원 1987) 또한, 아동은 태권도 수련에 참여함으로써 지적·정신적측면의 성장발달이 촉진되며, 신체적 측면은 물론 사회적인 측면에서도 효과가 매우 크다.(이수철, 2001)

태권도 성공사례
구미 초등 6년생 김철중군
2년 6개월 만에 19kg 감량

"태권도를 열심히 한 덕택에 몸매가 날씬해지고 금메달까지 땄어요."

경북 구미시 남계초등학교 6학년 김철중(13.구미시 고아읍)군은 뚱뚱한 친구를 만날 때마다 '비만에는 태권도가 최고'라며 태권도를 권유한다. 한 때 몸무게가 81kg이나 되는 고도 비만이었으나 태권도 시작 2년 6개월 만인 지금은 키 172㎝에 62kg의 날씬한 몸매를 자랑하기 때문이다. 태권도 실력도 3품이나 된다. 김군은 4학년 때 신장 156㎝에 체중 81kg이었다. 행동이 둔하고 조금만 걷거나 뛰어도 숨이 차고 땀을 흘려 친구들의 놀림감이 되기 일쑤였다.

5학년 들어 키가 크고(163㎝) 체중은 64kg으로 줄었다. 1년 만이었다. 태권도 실력도 늘어 구미·경북 태권도 대표선수로 잇따라 발탁됐다. 올해는 전국 태권왕 선발대회를 우승한 데 이어 울산시에서 열린 35회 전국 소년 체육대회에서 헤비급 금메달을 획득했다. 김군은 "태권도 덕에 키가 아버지(168㎝)보다 커졌다."며 "국가대표 선수가 되고 싶다."고 했다. 김군의 감량 성공 사실이 알려지면서 이 학교는 전교생의 25%인 100여 명이 태권도를 배울 정도로 태권도가 붐이다. 또 경북청으로부터 '비만 예방 프로그램 운영 시범학교'로 지정되어 태권도 등 프로그램과 식이요법 등 행동수정 프로그램을 비만 학생(45명)에게 적용하고 있다.

자유를 지키기 위한 힘이 조금이라도 있다면 왕따, 학교 폭력 같은 위험에서 벗어날 수 있다. 그런 위험을 두려워하지 않은 것이 태권도와 같은 스포츠 훈련의 목적이다.

 천로역정의 부모들

효행교육은 인성교육의 첫 단추,
어떻게 채울까?

아버님 날 낳으시고, 어머님 날 기르시니
두 분 곧 아니시면 이 몸이 살았을까
하늘같은 은덕은 어디다가 갚사오리 – 정철〈송강가사 : 훈민가〉

천하의 모든 물건 중에서 내 몸보다 더 소중한 것이 없다.
그런데 이 몸은 부모가 주신 것이다. – 이이

여호와를 경외하는 것이 지식의 근본이어늘
미련한자는 지혜와 훈계를 멸시 하느니라
내 아들아 네 아비의 훈계를 들으며
네 어미의 법을 떠나지 말라
(잠1장7~8절)

＜ ☐ 란 무엇인가? ＞

01. ☐ 는 백행지본(百行之本)이다.

02. ☐ 는 덕의 근본이다.
    밝고 크고 옳고 착하고 아름답고 따스한 것이다.

03. ☐ 는 사랑의 윤리다.

04. ☐ 는 보은의 도덕이다.
    보은의 도리로서 섬기는 기강이다.

05. ☐ 는 공경의 도리이다.
    공경과 예절로서 받드는 도덕이다.

06. ☐ 는 자녀의 의무이다.
    효는 자녀가 지켜 나갈 마땅한 의무이다. 그러나 자녀만의
    복종과 희생을 강요하는 일방적인 것은 아니다.

07. ☐ 는 행동의 근본이다.
    효는 인류의 으뜸이요. 교육의 근본이며 온갖 행동의 본이
    되는 것이다.

우리민족의 효사상은 동방예의지국이란 호칭에서부터 전해 내려왔다.

2300년 전 중국의 동이열전에서 우리나라가 효와 예절이 바르다는 사실이 언급되었다.

고려시대 권부와 그 아들 권준이 엮은 책 효행록이 있고 조선시대에는 세종때 설순이 개정하여 다시 자녀교육서로 사용하였다. 국가의 기초는 '충효'라 하여 어느 시대나 높은 가치로 숭상했으며, 효도하는 자녀를 위해서 마을이나 국가에서 효자문을 세우고 그가 낳은 마을을 효자동(촌)이라 불렀다. 심지어는 조선시대에 시묘살이라 하여 부모사후 3년 동안 무덤 옆에 초막을 짓고 아침저녁으로 예를 갖추고 살아생전 때처럼 봉양했던 제도가 있을 정도로 효사상이 투철했다.

조선시대에 이르러서는 부모공경 차원에서 공자의 군사부일체라 하여 부모와 스승, 임금을 같은 차원에서 공경할 것을 강조하였다. 또한 부모가 주신 몸은 털끝 하나라도 손상해서 안된다고 할 정도로 엄격했다.

붕괴된 효사상의 현주소

서구중심의 산업사회가 몰고 온 여파 중 하나가 바로 효사상의 파괴였다. 농경사회가 붕괴되면서 직장을 따라 가족이 흩어지면서부터 시작된 것이다. 거기다 물질을 최고의 가치로 숭상하면서부터 급격한 붕괴가 시작되었다. 핵심인 효사상은 물론 인성까지 동시에 붕괴하기 시작한 것이다.

:: 부모님 거하실 방에 웬 강아지 방

몇 해 전 서울의 유명한 모 여자 대학에서 이런 일이 있었다고 한다.

장래 결혼하면 어떻게 주택을 설계할 것인지 그려 보라고 했단다. 그런데 아이들 방, 가정부 방, 강아지 방까지 그렸지만 부모님 방은 없었다고 한다. 참으로 안타까운 시대상을 보여주는 한 대목이다. 자식을 믿기보다 노후연금을 사람들이 더 신뢰하는 이유일 것 같다.

:: 우후죽순 늘어나는 효병원과 노인보호시설

이제 국가가 노인을 보호해야 하는 여론이 널리 퍼지면서 나이가 들면 당연히 그렇게 생각하는 추세다. 전국에 신고된 양노원, 효병원 숫자는 천문학적이다. 그만큼 자녀들이 부모 모시기를 꺼려하다 못해 이제는 당당하게 요구하고 있는 것이다. **공자는 효도란 먹고 잠잘 곳을 해결하는 차원을 넘어서야만이 효도라고 했다.** 그런 의미에서 본다면 유교권의 문화 아래에 있는 우리로서 엄청난 효의 혁명이 일어나고 있다고 보아야할 것이다.

효행이란 "한 이불 속에 잠을 자 보는 것"

01. **거짓 없이 존경하는 마음으로 대한다.**

부모님이 이렇게 오늘의 우리를 있게 한 뿌리임을 잊지 않는 것, 그것으로부터 부모에 대한 사랑과 존경심은 시작된다. 부모님은 삶의 파도를 헤쳐 왔다는 사실 하나만으로도 존경받기에 충분하다. 내가 걸어가야 할 길을 먼저 걸어가면서 험한 길을 편안하게 닦아놓았다는 이유만으로도 존경받아 마땅하다. 타인을 존중하지 않는 사람은 누구에게도 존중받지 못한다. 가장 가까운 부모님조차 존중하고 공경하지 않는 사람은 어느 누구도 존경하거나 따르지 않을 것이다.

02. **형제와 다툰 자는 화해를 하고나서 나에게 예배하라.** 〈신약성서〉

사회학자 브린튼은 '노인을 대접하지 않는 사회는 이미 희망을 잃어버린 사회'라고 말했다. 성서에는 '백발은 빛나는 면류관이며, 착하게 살아야만 얻을 수 있는 것'이라고 했다.

어버이의 머리에 서리가 내리기 시작했으면 "이제 우리 부모님께 효도할 날이 얼마 남지 않았구나."라고 생각해야 한다. 만일 누군가가 부모님에 대한 사랑이 마음속에서 우러나지 않는다면 먼저 우리 자신을 사랑해야 한다. 우리 스스로를 사랑할 수 있을 때 우리를 있게 한 부모님도 사랑할 수 있다. 우리가 스스로를 미워하고 포기할 때 부모님과의 관계 역시 포기하게 된다. 그래서 사람이 자기 스스로를 사랑하지 않으면 인생을 의미 있게 살 수 없다. 인생을 망나니처럼 살아서 결국 부모의 간절한 바람도 저버린 채 불행한 종말을 맞이하는 사람은 스스로를 사랑할 줄 모르고 증오하는 사람이다.

03. 친밀함을 행동으로 표현한다.

한 이불 속에서 부모와 자는 행위는 친밀감을 형성하고 진한 정을 느낄 수 있는 좋은 방법이다. 만일 한쪽 부모님만 계시다면 배우자와 상의해서 가끔 부모님과 잠자리를 같이한다. 그리고 아이들에게도 할머니, 할아버지와 함께 잘 기회를 만들어 주어 혈육의 정을 느끼게 해준다. 부모님들은 잠든 손자·손녀의 귀여운 모습을 지켜보면서 위안과 존재감을 느낄 것이다. 또한 가끔 부모님을 모시고 목욕탕을 함께 가보는 것도 부모를 위하는 길이다. 목욕탕에서는 부모님의 건강 상태를 정확히 알 수 있다. 함께 살고 있는 노인이라도 증세를 말로 표현하지 않는 한 정확히 알 수 없다. 그러나 목욕탕 안에서는 벗은 몸을 보면서 얼마나 노화했는지, 기력은 어느 정도인지, 몸무게는 줄어들지 않았는지 확인할 수 있다.

천로역정의 부모들

손을 맞잡고 가슴과 가슴이 만나는 자리에 깊은 정이 솟
아난다. 손을 맞잡으면 마음의 장벽이 허물어지고 응어리가
녹는다. 부모님 가슴에 외로움이 응어리져 있다면 그것을 풀
수 있는 가장 손쉬운 방법은 따뜻하게 손 한번 잡아 드리는
것이다. 사소한 행위일지라도 함께 목욕 가서 등을 밀어드릴
때와는 또 다른 온화한 감정이 밀려 들 것이다.

부모님과 가까워질 수 있는 방법은 의외로 사소한 일상에
있다. 연세가 많아 눈이 안 좋은 부모님이라면 손톱, 발톱을
깎아 드릴 때 부모님은 행복감을 느낀다.

단지 함께 산다는 것이 효도의 전부는 아니다. 같이 사는
데서 오는 일상성과 편안함이 빚은 무신경이 부모님을 내면
으로 더 섭섭하게 할 수도 있다. 그러므로 사소한 것에도 신
경을 써서 온 가족이 함께 할 일을 찾아보고 자연스럽게 한
자리에 어울릴 수 있는 기회를 자주 만들어야 한다.

- 공주대학교 교수 이효범(효문화연구소 소장)

자녀에게 효사상을 잘 가르친다는 진정한 의미는 두 가지
로 본다. 첫째는 부모가 그의 부모에게 효도하는 모습을 실천
하는 것을 보고 배우는 것이며 둘째는 언어로 가르치는 것이
다. 보다 효과적인 것은 부모의 실천이다. 부모 자신이 효심에
충실할 때 그의 언어와 태도가 자녀에게 자기도 모르게 샘솟

기 때문일 것이다.

 **효 실천을 위한 팁**

　자녀를 키운 보람을 맛보고 싶은가요? 그럼 먼저 부모에게 효도하세요. 부모가 계시지 않다고요? 그럼 아내의 부모가 있지 않나요? 그것도 아니면 친구의 부모, 양로원, 이웃집노인에게 잘해보세요. 효는 특이하게 **치사랑**이기에 아무리 말로 가르치려 해도 말처럼 쉽게 되어지지 않아요. 가르치기 보다는 몸으로 보여주는 몸 사랑이기에 어렵지요. 하지만 그 결과는 당신의 노후의 백발을 금빛 면류관으로 빛나게 할 거에요.

03

글로벌세계가 요구하는
아동잠재능력
계발 주제들

급 속하게 글로벌화가 진행되고 있다. 우리민족의 살길은 세계화이다. 한 번이라도 외국의 광활한 대평원을 구경한 사람은 우리나라가 얼마나 자원이 없고 인구밀도가 높은지를 체감할 것이다. 우리의 인적자원을 계발하고 세계무대에 나가 교류를 통하여 부강한 나라로 만들어야 한다. 그렇게 하기 위해서는 세계화 기준에 맞는 인재육성이 급선무다. 세계무대에서 살아남기 위해서 부모들은 멀리보고 흐름을 파악할 수 있어야 한다.

가치교육^(아동철학), 천국과 지옥의 갈림길

Try not to become a man of success,
but rather try to become a man of value.
성공한 사람보다 가치 있는 사람이 되기를 힘쓰라. – Einstein

어떤 길은 사람이 보기에는 바르나
필경은 사망의 길이니라
(잠16장25절)

아빠가 아이들에게 가르쳐야 할 가치들

- 잘사는 것보다 중요한 것은 바르게 사는 것임을 가르쳐야 합니다.

- 성공한 사람이 되는 것보다 가치 있는 사람이 되는 것이 더 중요함을 가르쳐야 합니다.

- 쾌락보다 감동이 중요하다는 것을 가르쳐야 합니다.

- 속도보다 방향이 중요하다는 것을 가르쳐야 합니다.

- 집보다 가정이 중요하다는 것을 가르쳐야 합니다.

- 일보다 사람이 중요하다는 것을 가르쳐야 합니다.

- 지적 능력보다 관계를 잘 맺는 능력이 중요하다는 것을 가르쳐야 합니다.

- 소유보다 존재가 중요하다는 것을 가르쳐야 합니다,

- 군림보다 섬김이 중요하다는 것을 가르쳐야합니다.

- 자신도 중요하지만 타인도 그만큼 중요하다는 것을 가르쳐야 합니다.

- 사랑은 받을 때보다 줄 때 더 행복하다는 것을 가르쳐야 합니다.

- 하나님이 맡겨 주신 사명을 향해 나아갈 때 진정한 행복이 있다는 것을 가르쳐야 합니다.

- 구약의 아브라함과 사라처럼 살아가야 한다는 것을 가르쳐야 합니다.

 참된 가치란 무엇인가

우리의 가치가 얼마나 살아가는데 중요한지 잘 보여준 사례를 살펴보자.

수년 전, 미국 국무성에서 외교관 시험이 있었다. 이미 필

  천로역정의 부모들

기고사를 통하여 합격범위는 상당히 압축되어 있었지만 최종 구술시험의 경쟁도 여간 치열한 것이 아니었다. 쟁쟁한 박사학위 소지자, 대대로 미국에 뿌리를 박고 사는 백인 엘리트들, 그리고 국제 외교 분야에서 이미 상당한 실무경력이 있는 실력자들이 첨예한 경쟁을 벌이고 있었다.

한국 출신 이민 2세인 정주리도 필기시험에 합격되어 구술시험을 치르게 되었다. 3살 때 부모를 따라 미국으로 건너간 그녀는 누가 보아도 한국인이라는 것을 금방 알 수 있었다. 그녀는 아무런 경력도, 배경도, 박사학위도 없는 처지에서 쟁쟁한 실력자들과 경쟁을 하게 되었다. 그녀는 어느 모로 보나 가장 불리한 여건에 있었다.

드디어 구술시험 날짜가 되었고 정주리가 시험관 앞에 앉았다.
"자료를 보니까 한국계 이민 2세인데 맞습니까?"
"네, 그렇습니다."
"당신은 한국인 후예로 한국에서 태어나 지금은 미국시민으로 살고 있습니다. 그런데 만약 이번 시험에 합격하면, 앞으로 미국 정부의 외교관이 되어 활동을 하는 과정에서 미국의 이익과 한국의 이익이 서로 충돌하는 현장에 있게 될 수도 있습니다. 그렇게 된다면 당신은 어느 쪽의 이익을 선택하실 작정입니까?”

“저는 미국이나 한국 그 어느 편에도 서지 않을 것입니다. 다만, 정의의 편에 설 따름입니다.”

바로 그 한마디였다. 누가 보아도 가장 불리한 위치에 있던 정주리씨를 당당히 합격시킨 것은 이 결정적인 한마디였다. 비슷한 질문에 대해 대부분의 사람들이 미국의 편에 서겠다고 대답했지만 그런 사람들은 모두 불합격했다.

자신이 가장 소중하게 생각하는 것이 무엇인지 명확하게 알면 나아갈 길이 보이기 시작한다. 이것이 바로 가치관이다. 무엇이 무엇보다 중요하다는 생각의 체계는 그것을 중심으로 세상을 바라보고 움직일 수 있게 해준다. 때로 길을 잘못 들어섰을 때 이런 경고등을 켜서 방향을 선회할 수 있게 돕기도 한다.

자기가 가장 중요하다고 생각하는 일에 온 마음과 온 몸을 바쳐 매진할 때 사람들은 영혼 깊은 곳에서 우러나오는 기쁨을 느낀다. 설혹 자신이 잘하는 일이라고 해도, 그것을 중요하게 생각하지 않는다면 기쁨으로 충만할 수 없다. 만약 자신이 하고 있는 일을 스스로가 중요치 않게 생각하고 있음

천로역정의 부모들

을 깨닫는 순간이 찾아온다면 자신이 중요하다고 생각하는
일을 향해 발길을 돌리는 결단이 필요하다.

아동기 가치철학은 평생 지속된다.

지각 있는 학생들이라고 해서 규칙, 질서 때문에 바른 가
치를 선택하는 것이 아니다. 그렇게 하는 것이 바른 가치라
고 믿는 마음이 강렬하기 때문이다. 그래서 바른 양육을 통
하여 바른 가치가 무엇인지 몸에 체질화시키는 것이 교육의
핵심이 된다.

아이들에게 심어줄만한 몇 가지 소중한 가치들 

01. 시간의 가치

우리는 대개 원하는 일을 다 할 수 있는 시간을 가졌다.
그러나 차일피일 미루다 시간이 조금 남았을 때 비로소 그
중요성을 깨닫는다. 또한 시간 낭비는 '살인이 아니라 자살
이다'라고 아논(Anon)이라는 학자는 말했다.

만약 젊었을 때 시간의 가치를 안다고 하면 이 세상에 성
공하지 못할 사람이 한 사람도 없을 것이다. 극히 소수의 사

람만이 시간의 소중함과 가치를 알고 자기 것으로 한다는 것
이다. 그래서 '시간과 꽃은 곧 진다' 'Hours and flowers
soon fade away'란 말이 있다.

시간의 한시성, 시간의 유한성, 시간의 희소성, 시간의 속
성을 극명하게 보여준 이야기가 아닐 수 없다.

"공부하라!"라는 말보다 "이제 오늘 네가 쓸 수 있는 시간
은 저녁 빼고 1시간 밖에 남지 않았구나."라고 시간을 강조
하는 것이 아이의 시간 가치 개념을 상기 시키므로 효과가
있을 것이다.

02. 생명의 가치, 존재의 가치, 세상에 존재하는 것은 각각 그 가치가 있다.

소용없거나 미천한 것은 없다. 모든 것은 제자리에 있을
때 가장 좋다. 쓸데없이 보이는 것도 그 밖의 것들을 강화시
켜 주고 뒷받침 해준다.

우리가 야외에 가서 잡초 한 포기, 무당벌레 한 마리, 지
렁이 한 마리를 볼 때 가치를 모르는 사람은 무심코 지나쳐
가거나 그걸 밟아 죽인다. 아무 생각 없이…. 그러나 가치를
아는 사람들은 그것들 모두는 이 세상을 창조한 창조자께서
필요에 의해 만들었다는 것을 기억하며 아울러 그것 자체도
우리가 모르는 놀라운 각각의 존재 가치, 생명의 가치를 가

천로역정의 부모들

지고 태어났다는 것을 안다. 즉, 지렁이는 땅의 유기물을 생성시키는 토양의 에너지 공장이란 사실을 말이다. 그래서 가치를 알려주는 것이야 말로 생각의 깊이를 더하는 뛰어난 학습법이다. (소주제 인성교육 200원 병아리 참조)

03. 참 진리에 대한 가치

참과 진리는 시공을 뛰어 넘어 영원불변한 가치 그대로이다. 눈앞의 이익에 급급해 참과 진리를 잊어버리고 거짓과 탐욕을 부나비처럼 찾아 헤맬 때 그 부모 자신도 불행이지만 그 자손 역시 불행하다. 우리는 매일 같이 수많은 가치들 속에서 선택을 해야 한다. 그 모든 것 중에서 가장 급하고 중요한 우선순위를 알고 참과 진리에 대한 양심의 소리에 귀를 귀울여야 한다는 것이다. 그래서 옛 성인은 一日三省(하루 3번 반성)이라고 하지 않았던가.

04. 가치교육은 글로벌시대의 첨단무기

"나는 유치원에서 모든 것을 배웠다."

"세 살 버릇 여든 간다."

많은 심리학자들은 한결같이 '12세까지 살아온 방식으로 평생을 살아간다'라고 말한다. 어린 시절 부모로부터 배운 가치 체계하에서 아이는 평생 그것이 양심이 되고 질서와 법이 되고 신념과 신앙이 되어 살아갈 것이기에 부모의 가치모 델은 아이의 생애에 절대적 영향을 미친다고 할 수 있겠다.

오늘 현대 사회는 대중화, 가속화, 기계화, 자동화, 물량 화 되고 있어 인간 존엄성의 몰가치화가 한층 더 악화된 모 습이다. 인간으로 하여금 주체적 사고를 포기하도록 강요하 기도 하고, 실존 자체에 대한 회의가 생기며, 유(有)목적적 삶 을 살아야 함에도 불구하고 삶을 포기하는 자살자의 수가 무 려 하루에 42명(2012년)이나 된다고 한다.(OECD1위) 심각한 생 명 경시 풍토가 아닐 수 없다.

사회학자와 철학자들은 우리 사회가 급격한 근대화 과정 에서 사회변동이 생겼으며 그 여파로 가치관 혼란과 형성에 문제가 생겼다는 사실에 동의한다. 특히 우리나라의 경우 급 속한 경제 성장은 의식 구조나 규범 면에서(정신과 물질의 조화) 불 균형적인 발전을 거듭했기 때문에 첨예한 가치관 대립의 갈 등을 낳았다고 한다.

'윗물이 맑아야 아랫물이 맑다'라는 말과 같이 기성세대 의 올바른 가치관과 삶의 실천만이 자라나는 청소년에게 등 대가 되어 줄 것이다.

격려와 지지, 그 한 마디가
아이 일생을 바꾼다.

처음부터 불가능한 일은 별로 없다.
우리들에게는 일을 성취하고자 하는 격려가
방법 이상으로 결핍하고 있는 것이다. – 라. 르시푸꼬 〈잠언〉

또 아비들아 너희 자녀를 노엽게 하지 말고
오직 주의 교양과 훈계로 양육하라
(엡 6장4절)

◀ 조각상 노래하는 사람

루치아노 파바로티의 아들(1)

어느 음악회였다. 공연을 알리는 벨이 울리자 사회자가 사색이 되어 마이크를 잡고 당황한 목소리로 객석을 향해 이렇게 말했다. "청중 여러분, 대단히 죄송합니다. 여러분들이 기다리는 가수의 비행기가 연착되어 조금 늦어질 것 같습니다." 고대하던 가수가 어쩌면 아주 못 올지도 모른다는 생각에 장내는 아쉬움과 배신감으로 꽁꽁 얼어붙었다. "그래서 잠시 후 신인 가수 한 분이 나와 노래를 들려드리겠습니다. 정말 죄송합니다. 너그러이 양해해주시기 바랍니다." 잠시 후 사회자가 소개한 신인 가수가 무대에 나타났고 예절 바르게 인사를 했지만 청중들은 본 체도 하지 않았다. 이렇듯 냉랭한 분위기에서 최선을 다해서 노래를 불렀지만 노래가 끝난 후에도 박수를 치는 사람은 아무도 없었다. 그 때. 갑자기 극장의 2층 출입구에서 한 아이의 큰 소리가 들렸다.

"아빠, 정말 최고였어요!"

이 소리를 들은 신인 가수는 희미한 미소를 지으며 그 아이를 쳐다보았다. 조명에 비친 그의 눈에는 그렁그렁 고인 눈물이 반짝였고 몇 초가 지난 후 얼음처럼 차가웠던 청중들의 얼굴에 따스한 미소가 번지기 시작했다. 그들은 자신도 모르게 하나 둘 자리에서 일어서서 우뢰와 같은 박수갈채로

신인가수와 그의 아들을 격려했다.

그렇게 해서 세계적인 테너 루치아노 파바로티는 성악가로 태어난 것이었다.

어린 시절 격려와 지지로 성공한 테드 이야기(2) 

테드는 초등학교 4학년 학생이었다.

테드의 담임을 맡게 된 여교사는 교실에서 외톨이인 테드가 마음에 걸렸다. 테드는 성적도 나쁘고, 몸에서 냄새도 나고, 다른 친구들과 말도 하지 않는 아이였다. 그저 하루 종일 교실 구석에 앉아 수동적으로 수업을 들을 뿐이었다. 어떻게 하면 그런 테드를 도울 수 있을까 고민하던 여교사는 테드의 생활 기록부를 살펴보았다.

그런데 놀랍게도 1학년 때 테드의 담임은 그에 대해서 다음과 같이 말하고 있었다. '밝고 명랑하며, 학업과 친구 관계를 맺는데 관심이 많은 활발한 아이, 장래가 유망한 어린이' 여교사는 왜 테드가 지금처럼 변했는지 궁금해져서 2학년 때의 생활기록부를 살펴보았다. '어머니가 불치병에 걸림.

우울하고 말수가 적음. 학업에 관심이 없는 것 같음.' 3학년
생활 기록부에는 '무단결석이 잦음. 위생 상태가 좋지 않음.
급우들과 어울리지 않고 성적이 낮음. 장래가 없는 아이'라
고 평가되어 있었다.

생활 기록부를 모두 읽어본 여교사는 너무 마음이 아팠
다. 어린 테드의 상처와 휑한 마음을 돌보아 줄 사람이 없다
는 현실 때문에 눈물이 났다. 그날부터 여교사는 테드에게
관심을 갖기로 했다. 그렇다고 특별한 무엇을 해준 것은 아
니었다. 수업 중, 교실 한구석에 앉아 있는 그에게 한 번 더
눈길을 주고, 야단치거나 비난하기보다는 가끔 테드가 발표
를 하면 이를 격려하고 지지해 주었다.

크리스마스가 다가왔다. 학생들은 집에서 어머니가 마련
해 준 크리스마스 선물을 선생님께 드리려고 가져왔다. 테드
도 누런 종이에 볼품없이 싼 선물을 담임선생님께 내밀었다.
여교사는 테드의 선물을 펼쳐 보았다. 거기에는 장식이 두어
개 빠진 팔찌와 1/4쯤 남은 향수병이 있었다. 다른 학생들
은 테드의 선물을 보고 킬킬거리며 웃었다. 여교사는 비웃는
아이들을 꾸짖고는 테드에게 "테드야, 정말 고맙다. 너에게
가장 소중한 것을 내게 준 것 같구나."하고는 팔찌를 학생들

앞에서 끼고 향수를 뿌리며 기뻐했다.

　그 날 수업이 끝나고 여교사는 교실에 남아 뒷정리를 하고 있었다. 그 때 문을 열고서 테드가 뛰어들어 왔다. "선생님, 그 팔찌는 엄마가 마지막으로 저와 시간을 보냈을 때 끼고 있던 팔찌예요. 그리고 그 향수는 그 때 엄마가 뿌렸던 향수예요. 엄마 냄새를 맡을 수 있어서 좋았어요. 감사해요." 테드는 수줍게 말한 뒤 다시 뛰어나갔다.

　이후 학년이 바뀌고 테드는 졸업을 했다.
　하지만 테드는 3, 4년마다 한 번씩 이 여교사에게 카드를 보냈다. 그 카드에는 '선생님, 제가 중학교를 졸업했어요. 고등학교에 진학하기로 했습니다.', '올해 고등학교를 졸업합니다. 내년에 대학에 들어가기로 했습니다.'라는 소식들이 간단히 적혀 있었다. 몇 년이 지나고 테드에게서 또 한 장의 카드가 날라 왔다. '선생님, 선생님 덕분에 제가 어려움 속에서도 학업을 포기하지 않고 진학을 할 수 있었습니다.
　선생님은 제가 만난 모든 선생님 중에서 가장 훌륭한 분이셨습니다. –의학박사 테드 올림–'이라고 적혀 있었다. 카드를 받은 여교사의 눈에서는 눈물이 흘렀다.

몇 해가 지나고 다시 카드가 왔다. 이번에는 결혼식에 초
대한다는 청첩장이었다. 카드에는 '선생님, 선생님께 제가
아내로 맞이할, 사랑하는 여자를 꼭 보여드리고 싶습니다.
결혼식에 꼭 참석해 주세요. 제 어머니의 자리를 선생님을
위해 비워 놓겠습니다.'라고 적혀 있었다.

결혼식 날 그 교사는 오래 전 테드에게서 받은 낡은 팔찌
와 향수를 뿌리고 결혼식에 참석했다. 식장에서 테드는 "선
생님은 제게 최고의 스승이었고, 태어나서 의미 있는 일을
할 수 있다는 것을 알려 주신 분이세요."라고 고백했다. 여
교사는 장성하여 멋진 남성으로 자란 테드를 안아 주면서
"너야말로 나에게 선생의 길을 가르쳐 준 가장 훌륭한 제자
였단다."하고 말했다.

테드의 이야기를 읽다보면 교사란 어떤 사람이고, 무엇을
해야 하는 사람인지(격려와 지지의 중요성)깨닫게 된다. 그리고 그
런 훌륭한 일을 할 수 있는 교사라는 직분에 대해 감사하게
된다.

자녀를 세우는 격려와 지지의 말

01. 엄마 아빠는 언제나 네 편이란다.

02. 난, 네가 기어코 그 일을 해낼 줄 알았어.

03. 실패에 대해 너무 마음 상하지 마라. 한 번 끝난 걸 가지고 그렇게 속상해 하는 것 이해한다. 다음 기회에 다시 한 번 도전해서 성공하자.

04. 우리 하나님께 기도해 보자.

05. 내일은 내일의 태양이 뜬단다.

06. 잘했어. 내일도 해보자.

07. 위를 쳐다봐. 저 하늘의 태양처럼 밝게 웃어 보렴.
별빛 주신 것 감사하면 달빛을 주실 것이요,
달빛 주신 것 감사하면 햇빛을 주실 것이요,
햇빛 주신 것 감사하면 이 모든 것을 주실 거란 믿음으로 말이야.

부모의 격의 없는 한마디 말이 아이의 미래를 살리기도 하고 죽이기도 하니 격려나 지지는 양육에 최고로 필요한 기술 중에 하나임에 틀림없어 보인다. 우리가 단지 그것들을 완곡하고 지속적으로 실천할 수만 있다면 말이다.

글로벌 시대에는
글로벌 인재상(미국,일본,한국)이 있다.

교육에는 2가지 목적이 있다고 생각한다.
하나는 지식을 이해하고 가르치는 영역이고
또 하나는 문제가 무엇인지
찾아내고 해결하는 능력을 키워주는 것 – Kaist 서남표 전 총장

우리의 학교는 새로운 사회로 나가기보다는
죽어가는 제도를 향해 뒷걸음치고 있다.
학교의 엄청난 노력은
산업화 인간을 만드는데 기울어지고 있다.
그러나 그들이 살았을 동안에
쓸모없게 될 제도 속에 생존하도록
훈련된 사람을 생산하고 있다.
미래쇼크를 피하려면
탈 산업주의적 교육제도를 만들어야 한다. – 엘빈 토플러

글로벌 시대의 급속한 변화는
왜 새로운 인재를 원하는가.

학교에서 30~40년 쓸 지식을 다 가르쳐 줄 수는 없다. 스스로 주도하고 찾아내는 창의력 같은 능력이 있어야 변화하는 시대와 호흡할 수 있고 이끌어 갈 수 있는 것이다. 정보화와 세계화란 2개의 큰 물결(Mega Trends)이 그것이다. 이런 시대에 걸 맞는 핵심 인재를 확보하고 유지하기 위해 전쟁을 벌이고 있다. 바로 인재전쟁(War for talent)이다.

오늘처럼 세계화가 진전되기 전에는 지금처럼 나라와 나라 사이의 관계가 중요하지 않았다. 그러나 지금은 자원과 자원, 인간자원과 인간자원의 교류가 빈번해짐에 따라 나날이 지구촌화가 되고 있으며 과학, 통신, 교통, 무역의 발달이 더욱 지구촌화를 가열시키고 있으며 그 중요한 소통의 도구로서 영어는 일상의 자국어 정도가 되어야 살 수 있는 시대가 된 것이다.

그뿐만 아니다. 글로벌 시대 인재상 역시 그 이전과 다른 인재상이 요구되고 있는 것이다. 소위 글로벌 스탠더드가 필요한 것이다. 학교교육 목표 역시 글로벌 스탠더드에 맞춰져 있지 않으면 글로벌 기업에 취업 할 수 없다. 단지 '뭘 많이 알고 있는가? 뭘 기억하고 있는가?'하는 단순한 기준에서 벗어난 글로벌 인재교육에 지금부터 준비하고 주력하는 것은 미래의 비전을 바라볼 줄 아는 이들이 얻게 되는 열매가 될 것이다.

일반적으로 핵심 인재는 전문성, 지적역량 등과 함께 충성심, 도덕성, 인간적 매력을 중시한다. 통찰력과 추진력도 강조함으로서 미래 수익원천을 찾아낼 수 있는 인재를 요구하고 있다. 실제로 글로벌 선진 기업들의 사례를 보자.

:: SONY의 핵심인재 요건

01. 호기심(Curiosity)
02. 마무리에 대한 집착(Persistense)
03. 사고의 유연성(Flexibility)
04. 낙관론(Optimism)
05. 리스크 감수(Risk-taking)

:: 메릴린치의 핵심인재 요건

01. 지적능력 : 분석력, 이슈발굴능력
02. 열정
03. 혁신지향
04. 인재양성 : 인재가 인재를 알아본다.
05. 인간적 매력

:: 삼성(경제연구소) 핵심인재조건

01. 전문능력

02. 변화주도능력

03. 도덕성

04. 인간미

※ 추가사항 : 호기심, 마무리 대한 집착, 사고의 유연성, 낙관론

:: L/G 그룹 핵심인재조건

01. 강한 승부근성

02. 도덕적 겸양

03. 높은 감성능력

04. 직업윤리

05. 흡수능력

06. 핵심가치에 맞는 가치관(월간HRD자료)

:: 서울대 글로벌 인재 연구센타의 글로벌 인재요소

01. 비전(Vision 약자 VS)

02. 자기주도성(Self Leadership SL)

03. 창의성(Creativity : CT)

04. 시민의식(Citizenship: CS)

05. 감성지능(Emotional Inteligency : EI)

06. 문화지능(Cultural Inteligency : CI)

07. 대인관계능력(Interpersonal competence : IC)

08. 인지능력(Cognitive Ability : CA)

글로벌 선진 기업들은 열정을 꼽는 이유는 열정을 바탕으로 능력적인 측면에서 업계의 흐름을 파악할 수 있고 인간미나 도덕성을 포함한 인성(Personality)을 강조한다. 그 이유는 어떤 일을 추진 할 때 사람이 모이며 주위의 도움을 이끌어 낼 수 있기 때문이다. 그런 인간미를 간단히 알아보는 방법 중 하나가 국내외를 막론하고 사회봉사활동 참여 여부가 아닐까 한다.

미래 사회에 대응하는 全人의 조건

한국교육개발연구원의 전인 교육을 위한 7개의 덕목 중에서도 Maslow가 말하는 '자아실현인' Rogers가 제시한 '만족한 역할 수행자' Fromm이 제창한 '생산적 인격' All port가 논한 '성숙한 인격' 우리 교육 목표인 '홍익인간' 등은 주로 건강한 인격을 토대로 한 새로운 인재 양성이란 점이 우리 교육의 글로벌 인재의 조건으로 증명된다.

황응연(1993)은 청소년을 둘러싼 주변환경의 실상을 상담 측면에서 아래와 같이 분석했다. 세계문화로 개방되어 무국적 문화가 됐고, 대중 사회로 진입해 다량화, 군집화됐으며

천로역정의 부모들

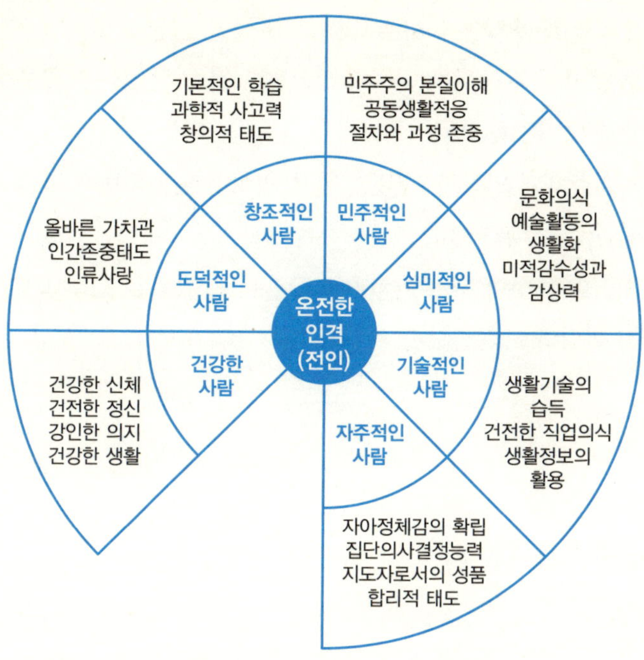

조직사회가 되어 인정이 메말랐고 산업사회가 되어 물질은 풍요해졌으나 정신은 가난해졌다고 진단한다.

01. 풍요 속의 빈곤, 성장 속의 소외를 지적했다.

02. 양성 3세대, 혈연 공동체와 대가족 제도가 사라지고 여성의 사회 진출과 이혼가정이 증대되어 가정교육은 크게 약화되었다.

03. 지혜보다 지식, 통합적 전인보다 파편적 기능인, 함께 살기보다 홀로 달리기, 성숙한 인간보다 교활한 처세자를 길러내게 되면서 학교교육의 위기가 생겼다.

04. 도시 집중과 잦은 이사로 인한 고향 상실, 시골과 도시의 복합적
생활, 이웃과의 유대 단절 그리고 편지를 쓰지 않는 생활로 인간
관계가 박빙화 됐다.

05. 자기존재의 인식과 사명감, 목표 의식이 혼동되는 자아 정체감
의 혼미를 나타냈다.

06. 직업의 분화와 직업 가치관의 굴절로 인한 진로 교육의 어려움
이 생겼다.

미래의 청소년 상

이재창(1993)은 미래사회를 지칭하는 수식어를 다양화, 개방
화, 정보화 및 국제화 등으로 규정하면서 풍요와 결핍의 혼재
현상을 해결할 청소년의 모습을 다음과 같이 제시하고 있다.

01. 각성의 청소년
자기 자신을 정확히 이해하고 경험해야 하며 자신의 주변세계를
정확히 이해해야 한다.

02. 수용하는 청소년
있는 그대로의 실상을 은폐하거나 도피하지 말고 그대로 수용하고

천로역정의 부모들

인정할 수 있어야 한다.

03. 자율적인 청소년

명령과 지시 혹은 과잉보호 속에서 타율적으로 자라난 과거를 극복하고 스스로 선택, 실행 및 결과에 대한 책임의 기회를 가져야 한다.

04. 긍정적인 청소년

자신과 가족, 친구, 환경에 대해 긍정적으로 보고 이해해야 한다.

05. 창의적인 청소년

현실에 안주하거나 획일적인 관습에 구애되지 않고 신선한 대안을 제시하는 zero base thinking을 해야 한다.

06. 국제적인 청소년

현대는 지구전체를 생활권으로 인종과 국적을 넘어서서 상호 연결되는 지구촌시대이다. 커뮤니케이션, 사고방식 및 생활태도가 국제생활에 적응할 수 있어야 한다. 미·소 양대 진영의 이데올로기 대립이 끝나자 제네바에서 UR협상으로 나타나는 경제전쟁에 휘몰리는 냉정한 국제현실을 보았고 이를 잘 견뎌내야 한다.

07. 미래지향적 청소년

꿈과 희망을 가지고 계획대로 준비하여 미래를 창조하고 관리할 수 있도록 항상 미래를 생각해야 한다.

21세기의 미래사회를 이끌고 갈
훌륭한 청소년을 길러내기 위해서는

01. 머리, 가슴, 손이 균형 잡힌 전인교육을 실천하는 초·중등 교육

02. 입시지옥에서 벗어나는 교육

03. 국제 수준의 환경에서 연구하는 대학 교육

04. 수재를 발굴 육성하는 영재교육

05. 전국민에게 교육의 길을 열어주는 평생교육 등이 보완돼야 한다.

결국 이 같은 교육수요는 기존의 교과학습에만 의존해서는 해결할 수 없는 것들이다.

21세기의 특징과 요구되는 인간상 그리고 행동특성을 보다 체계적으로 요약하면 다음 표와 같다(이순형,1993).

미래사회의 특징	길러야할 인간상	북돋우어야 할 행동 특성
- 안정된 민주사회 - 번영된 통일국가	- 투철한 민주 　의식을 지닌 사람	- 자주자립, 주인정신 - 자신의 가치와 능력에 대한 자신감 - 공동체의식과 그 발전에 　헌신하는 태도 - 참여의식
- 고도산업사회 - 과학기술사회 - 지식사회 - 정보화 사회	- 창조적인 능력을 　지닌 사람 - 1인 1기술을 　지닌 사람	- 미래지향성 - 과학적인 사고방식 - 합리성과 독창성 - 진취적인 개척 정신 - 성취 지향성

- 윤택한 삶을 창조하는 문화사회	- 높은 심미적 안목을 지닌 사람 (정신건강)	- 자연과 예술 사랑 - 정서적 안정성
- 국제화 사회 - 개방 사회 - 경제우선주의 UR 사회 - 불확실성의 사회	- 국제적인 안목을 지닌 사람 - 주체적인 사람 - 계속 연구하는 사람(평생교육)	- 국제적인 시야 - 세계시민의식 : 호혜평등협력 - 자아정체감 - 투철한 역사의식
- 지구촌 사회 - 국제경쟁사회	- 자유와 평화를 사랑하는 사람	- 건전한 민족주의 의식 - 상호 존중감 - 평화주의 - 공생사회의식

:: 미래 사회에 대응하는 인간상

이러한 인간을 길러내기 위해선 학력교육에서 인간교육으로, 단순한 암기교육에서 고차원적 창의교육으로, 획일성에서 다양성으로, 교과서 위주의 교육에서 생활중심 교육으로, 주입식에서 대화식으로 전환되어야 한다. 반기문 유엔사무총장의 초등시절 그는 변영태 당시 외교부장관의 강연을 듣고 외교관이 되는 꿈을 실현하기 위하여 영어정복을 위하여 피나는 노력을 했다고 '바보처럼 공부하고 천재처럼 꿈꿔라'라는 책에 언급하고 있다. 학생대표로 미, 워싱톤을 방문하여 케네디 대통령과의 만남을 통해 큰 꿈을 키워왔음이 자서전에 나와 있다. 또한 글로벌 리더가 되기 위해서는 다음 장과 같이 어려서부터 리더십 계발에 적극 참여해야 한다.

글로벌 리더로 세 자녀를 키운
최초의 한국인 전혜성박사

누구든지 자기를 높이는 자는 낮아지고
누구든지 자기를 낮추는 자는 높아지리라.
(마태복음 23:12)

전혜성씨는

1929년 서울 출생. 경기여고를 나와 이화여대 영문과 2학년 재학 중 미국으로 유학가 디킨슨대에서 경제학과 사회학을 전공했다. 장면 정부에서 초대 주미특명전권공사와 유엔 대표를 지낸 고 고광림 박사와 고학생 시절 만나 결혼한 뒤 보스턴대 대학원에서 사회학, 인류학으로 박사학위를 받았다.

여섯 남매를 모두 예일대·하버드대 등 명문대에 보낸 어머니다. 네 아들 중 두 명은 미국에서 고위 공직에 올랐다.

그 어머니가 자식 교육의 경험을 정리한 책 첫머리부터 '내가 자식들을 자랑스러워하는 이유는 명문대를 나왔거나 고위직에 오르는 세속적 성공을 거둬서가 아니라 나보다 남을 먼저 생각하고 더불어 사는 삶을 고민하는 사람으로 컸기 때문'이라 밝히고 있기 때문이다. 우리가 전혜성박사의 자녀교육에 특히 주목하는 점은 글로벌시대의 중심지 미국의 사회, 문화환경에서 한국인으로서 보기 드물게 자녀교육에 성공했다는 점과 미국인들도 쉽지 않다는 주류사회에 벌써 오래전에 등장했다는 점, 한국인으로서 특성과 장점이 오히려 커다란 무기가 되었다는 점에서 괄목한 만한 가치가 충분하다는 점이다. 저서로는 『섬기는 부모가 자녀를 큰사람으로 키운다』가 있다

글로벌 리더를 키우려면 세계를 볼 줄 알아야 한다.

전씨가 제시하는

오센틱 리더(Authentic Leader: 진정한 지도자)의 덕목

〈글로벌 인재교육 성공사례〉

– 6남매 하버드·예일대에 보낸 전혜성씨

01. **뚜렷한 목적과 열정을 가르쳐라.**

"목적의식과 즐거운 마음으로 최선을 다할 때 성공과 행복도 가질
수 있다."

02. **맡은 바를 충분히 다할 때 자기완성도 이룬다.**

"학생으로서, 자녀로서, 시민으로서의 역할에 최선을 다하는 것이
진정한 리더다."

03. **일생에 걸쳐 정체성을 재정립시켜라.**

"아이들을 유학 보내려면 한국인으로서의 문화적 정체성부터 확실
히 해라."

04. **덕이 재주를 앞서야 한다.**

"재능이 아무리 뛰어나도 덕이 없으면 그 재능은 세상에서 건설적
으로 쓰일 수 없다."

05. **창의적인 통합력이 아이를 살린다.**

"자녀들에게 다른 문화를 많이 알려줘 고정관념을 버리고 사고의
유연성을 기르게 하라."

06. **역사적이고 세계적인 안목과 시야를 길러라.**

"리더는 큰 사람다워야 한다. 매일매일 하는 일도 거시적 안목이
필요하다."

07. **진실한 마음을 얻는 대인관계의 힘을 경험하게 하라.**

"대인관계가 좋은 아이를 만들어라. 그러려면 부모 자식 간의 관계
부터 탄탄해야 한다."

– 〈부모학에서〉 전혜성박사 글

"목적의식 갖게 하면 이 악물고 공부"

:: 자녀들이 모두 사회적으로 성공을 거둔 비결이 있다면?

"저는 아이들에게 '항상 남과 사회에 보탬이 되는 사람이
돼라'고 일렀습니다. 부모한테 섬김을 받는 아이, 자신을 섬
기는 아이, 그래서 남을 섬길 줄 아는 아이가 진정한 리더로
클 수 있다고 생각했습니다. 내 아이만 잘 되면 된다는 이기
심으로는 더불어 사는 사회를 만들 수 없습니다. 저는 아이

들에게 '혼자 공부하지 말고 친구들을 집에 데려와 같이 해라'고 말했습니다. 저희 남편은 집이 비좁은데도 아이들 친구용 책상까지 들여놔 책상이 18개나 될 정도였어요."

:: 그렇게 가르치다 보니 저절로 성공하였나요?

"남들에게 보탬이 되는 사람이 되려면 일단 어느 분야에서 탁월한 사람이 돼야 합니다. 그렇게 목적의식을 세워 줬더니 엄마가 악쓰지 않아도 아이들이 이를 악물고 공부하더군요. 대신 두 가지 원칙을 세웠지요. '아침 식사는 꼭 한 밥상에서 한다, 저녁에는 다 같이 모여 공부하고 토론 한다'였지요. '공부해라' 대신 '공부하자'는 말을 많이 했습니다."

:: 요즘 한국의 현실과는 상당히 거리가 있다고 보는데

"한국에서는 아이들의 사교육 스케줄을 치밀하게 관리하는 이른바 '매니저형 엄마'가 유능한 엄마의 전형처럼 여겨집니다. 아내와 자녀를 외국에 유학 보내고 혼자 사는 '기러기 아빠'도 많고요. 한국 엄마들은 우리 아이가 경쟁 대열에서 낙오하면 어쩌나 하는 공포심이 심하지요. 그러다 보니 교육에 지나치게 열을 올리게 됩니다. '기러기 아빠'를 보면 저렇게 아빠가 아이와 떨어지면서까지 가르쳐야 하는 게 무엇인가 싶어요.

　　　　　　　　　　　　　천로역정의 부모들

아이를 위하는 것이 아니라 결국 부모 자신의 만족 아닐까요.

그런 이들에게 교육의 진정한 목적이 무엇이냐고 묻고 싶어요. 교육의 목적은 자립입니다. 저희 아이들은 어렸을 때 신문 배달을 해 용돈을 벌었습니다. 셋째 아들 홍주가 예일대 로스쿨 학장이 됐을 때 지역신문(뉴 헤이븐 레지스터) 헤드라인이 '우리 신문을 배달하던 소년이 예일대 학장이 됐다'였어요."

:: **스스로도 6남매를 키우면서 박사 학위를 두 개나 받기까지의 과정은?**

"쉽지는 않았지요. 저희 남편이 타지 생활을 오래 하니 외로우니까 자식 욕심이 많았어요. 전화번호부 한 페이지를 고씨 집안 자식들로 채우겠다고 했을 정도였으니깐요. 오죽하면 막내를 낳고는 제가 '더 이상 낳게 하면 이혼할지도 모른다'고 엄포를 놨겠습니까(웃음). 애를 업고 서서 타자를 칠 때도 있었어요."

:: **형제들이 워낙 뛰어나니 그중 스트레스를 받은 아이도 있었겠어요.**

"막내 정주가 고등학교(필립스 아카데미 앤도버)를 수석으로 졸업하면서 연설을 했는데 제목이 '실패에 대한 두려움'이었어요. '아, 얘가 내색은 안 했어도 형과 누나들이 워낙 뛰어나니 스트레스가 심했구나' 실감했지요. 학교에서는 '고씨 왕가(Koh Dynasty)의 막내가 왔다'고 하면서 잘하면 당연히 여기고, 못하면 비교했으니 왜 안 그랬겠어요. 그런데 저희 아이들은 태어나면서부터 뛰어난 게 아니에요. 다들 무지무지한 노력파, 워커홀릭(일 중독)이에요. 특히 홍주는 건강이 염려될 정도로 치열하게 노력하지요. 지금도 오전 4, 5시에 e-메일을 보내면 즉시 답장이 오곤 합니다."

"홍주는 배려심이 참 깊어요. 인권담당 차관보 시절 전 세계 43개국 이상을 돌았는데 그때마다 숄, 앞치마, 머그잔 등 사소한 것이지만 꼭 선물을 사왔어요. 국무부를 떠날 적에는 직원 70여 명에게 일일이 손으로 편지를 썼어요. 예일대 로스쿨 학장이 되고 나서는 직원들을 집으로 초대했는데, 한 백인 여성이 '30여 년간 예일대에서 일했지만 학장한테 초대받은 건 처음'이라고 감동하더래요."

"아이들이 '한국이 어떤 나라인지 잘 알지는 못하지만 우리 부모가 저렇게 자랑스러워하니 대단한 나라인가 보다'라며 한국에 대해 알고 싶어 하더라고요." 이름을 표기 시 '해

럴드 홍주고' '하워드 경주 고' 이런 식으로 미들 네임(middle name.가운데 이름)을 쓰게 했다.

- 발췌 murphy@joongang.co.kr 김선미기자

오센틱 리더십(authentic leadership)이 이룩한 쾌거 

전혜성박사 가정은 '오센틱(진정한, 유일한, 독특한)리더십'이라는 상생의 리더십을 실천한다. '서로 행복하자'라는 리더십이다. 부모가 먼저 스스로 자신을 섬기고, 서로를 섬기며, 자녀를 섬기고, 남과 사회를 섬긴다. 성경에서는 높아지고자 하는(리더가 되려고)자는 스스로 낮아지라고 한다. 자신만 아는 아이가 아니라 남을 배려하는 21세기 아이가 진정한 리더십을 갖는다. 자녀를 위해서 무조건 희생하는 것이 아닌 모자 모두 행복해지는 방법이다. 이런 리더십은 끊임없이 노력해서 만들어지는 리더십이며 그 속에는 자기주도적인 학습자세와 타인에 대한 배려, 큰 꿈, 섬김, 리더십, 조국애, 야망, 부모의 모델 등이 포함되었다.

다중지능,
지능도 글로벌 시대에는 다중재능으로

지능은 인간의 환경으로부터 끊임없이
받아 들이게 되는 정보(Message)를 처리하고 조직하는
매우 복잡한 지적 활동의 체제이다. - 피아제

굼벵이도 구르는 재주가 있다. - 한국속담

 너희 중에 누구든지 지혜가 부족하거든
모든 사람에게 후히 주시고 꾸짖지 아니하시는
하나님께 구하라 그리하면 주시리라
(야1장5절)

1905년 프랑스의 비네 시몽이 첫 지능지수학설을 발표한 시기로부터 100여년이 흐르는 동안 무수한 지능에 관한 논란이 있어왔고 그 발전은 끊임없이 계속될 것으로 보인다. 산업사회 이전에는 직업의 종류가 다양하지 못해서 몇몇 이

름 있는 일자리는 지능이 높아서 공부 잘하고 성적 좋은 사
람이 독차지 하였다.

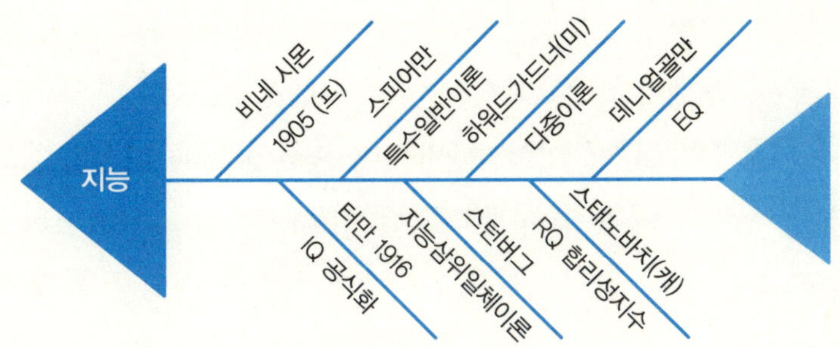

그 시절의 지능은 유리한 경쟁요소로써 태어날 때부터
기억력 같은 소수의 평가척도를 절대시하여 좌우되었지만
21C 하워드 가드너 박사가 **다중지능**을 발표하고 나서부터
지능의 판도가 바뀌었다. 과거 IQ검사는 단일한 지능에 의
해 다른 지적능력이 모두 형성된다는 전제하에 이른바 일반
지능의 측정을 의미하였다.(기억추리학습)

과거 우리 부모들은 학교에서 실시한 지능검사에 대해서
크게 두 가지 반응을 하였다. 하나는 유전을 크게 신뢰하여
지능검사에 크게 좌우되는 형과 아예 무시하는 형이 있다.
그러나 최근에는 유전과 환경이 상호작용하는 것으로 유전
과 환경을 분리될 수 없는 것으로 보는 입장이다.

강한 지능 보이는 분야 미래 직업 선택해야

"아이가 커서 무슨 일을 하게 될까.", "아이에게 무엇이 가장 맞는 일일까.", "그걸 이루기 위해선 어떤 도움을 줘야 할까.", "부족한 부분은 뭐고 또 어떻게 보완해줄까." 부모로서는 늘 절박한 질문들이다. 하버드대 출신인 교육전문가 정효경 박사는 "자녀가 강하게 타고난 지능(다중지능)을 파악하라."라고 조언한다. 그러면서 "그 지능에 적합한 직업군을 찾아내 살아갈 수 있도록 도와주는 미래설계가 필요하다."며 "그러면 동기부여가 잘되고 학습 효과도 높다."고 주장한다. 다음은 최근 가장 영향력 있는 가드너교수의 다중이론이다.

다중지능의 종류와 특징

01. 언어적지능

시인이나 언론인, 문학가에게서 나타나는 재능으로, 언어의 소리, 리듬 및 언어의 다양한 기능을 민감하게 파악하는 능력을 말한다.

02. 논리−수학적지능

수학, 과학, 논리 분야의 천재들에게서 발견되는 재능으로, 분류하

   천로역정의 부모들

기와 범주화하기, 패턴을 지각하고 패턴을 이해하기, 체계적으로
추리하기 등과 같은 능력을 말한다.

03. 공간적지능

건축가, 예술가, 기술자에게 나타나는 재능으로, 사물을 정확하게
지각하기, 시각, 공간적 세계를 정확히 지각하고 그 지각한 내용을
머릿속에서 변형하고 회전시켜 볼 수 있는 능력이다.

04. 음악-리듬지능

작곡가, 연주가, 성악가 등에서 나타나는 재능으로, 음조, 리듬, 음
색을 예리하게 파악할 수 있는 능력을 말한다.

05. 운동감각지능

운동선수와 무용가에게서 나타나는 재능으로, 자신의 신체움직임
을 조정하고, 사물을 능숙하게 조작할 수 있는 능력을 말한다.

06. 대인관계지능

교사, 비즈니스맨, 종교인, 세일즈맨 등에서 발견되는 재능으로, 다른
사람의 기분, 기질, 동기 및 의도를 식별하고 그에 적절하게 반응하는
능력, 다른 사람이 일을 하도록 동기 유발시키는 능력을 말한다.

07. 개인내적지능

소설가, 종교인 등에게서 나타나는 재능으로, 자신의 내적 과정과 특

성, 그리고 자신의 행동을 이해하고 안내할 수 있는 능력으로 의미한다.

08. 자연관찰지능

동식물이나 주변에 있는 사물을 자세히 관찰하여 차이점이나 공통점을 찾고 분석하는 능력으로 사냥꾼, 과학자 등에게서 나타난다.

09. 실존지능

처음에는 영적인 지능으로 불렀던 지능으로 인간의 존재이유, 삶과 죽음의 문제 등 철학적이고 종교적인 사고를 할 수 있는 능력으로 아동기에는 거의 나타나지 않는 반쪽 지능이다.

다중지능을 활용하는 수업전략

01. 언어지능

동화 구연, 소리 내어 읽기, 시/일기 쓰기/글짓기/신문 만들기, 하루 일과를 원인과 결과를 구분해 말하기, 뉴스 듣고 아나운서나 기자 흉내 내기

02. 논리-수리지능

학습내용에 나오는 숫자 계산하기, 분류하기, 소크라테스 문답법 활

천로역정의 부모들

용하기, 문제의 해법 추정하기, 하루 동안 무슨 일을 얼마동안 해야
하는지 부모와 대화하기, 반찬에 들어간 양념수, 음식색깔 세기

03. 공간지능

학습내용을 그림, 그래프 또는 심상으로 그려보기, 학습자료에 색
칠하여 요소 구분하기, 거울에 비친 그림 따라 그리기, 그림 거꾸로
놓고 감상 후 그리기

04. 운동감각기능

신체 동작으로 답 말하기, 학습내용을 연극/동작으로 표현하기, 학
습자료를 직접 조작하기, 눈 감고 맛보거나 냄새 맡기, 손으로 만져
음식·물체 알아맞추기

05. 음악지능

학습내용과 연관된 노래하기/리듬 치기, 학습주제와 맞는 음악으
로 분위기 조성하기, 가족과 함께 노래 부르기, 뮤지컬 공연하듯 가
족과 대화하기

06. 대인관계지능

집단학습, 협동학습의 활용, 친구 생일파티 초대하기, 상대방 표정
읽는 연습하기, 자신의 선행 내용 쓰거나 말해보기

07. 개인내적지능

수업내용을 학생 자신에게 유의미하게 제시하고 수업에서 자신의
목표 설정하기, 자료에 대한 느낌, 감정 표현하기, 긍정적 자기암시
훈련, '나는 좋다', '나는 행복하다' 등 스스로 잘한 일에 대해서 말
이나 몸짓으로 칭찬하기

08. 자연탐구지능

수업자료나 내용에서 요소간 차이나 공통점, 특징 발견하기, 자연
의 소리·움직임 변화 관찰하기, 내가 좋아하는 음식, 싫어하는 음
식, 조사 후 건강과 관계 알아보기

왜 다중지능이 대세인가

페스탈로찌(pestalozzi)는 전인교육을 head, heart, hand
를 골고루 발달시키는 교육이라고 보았다. 지금까지의 학
업, 지능은 인지적영역에 국한했다. 그러나 다중지능이론은
이런 **인지적 영역에서 정의적, 행동적 영역으로 확장시키
고** 전통적 지능이론의 한계를 극복했다. 그리고 학습의 동기
화, 개별화교육, 자발성, 적극성을 강조하며 각 개인에 맞는
지적자극의 제공에 따라 그 효과가 크게 달라짐이 큰 특징이
라고 주장한다.

천로역정의 부모들

"적성을 파악, 진로를 선택하는 데도 큰 도움을 줄 수 있는 효과적인 이론의 틀이다. 예를 들어 기업체에는 크게 보면 영업·재무·기획통이 있다. 영업통은 대인관계가, 재무통은 수리가, 기획통은 논리가 뛰어나야 한다. 직업별로 요구되는 적성, 즉 지능이 다르다는 얘기다. 아이가 뛰어난 지능을 보이는 것을 중심으로 미래 직업을 찾아가야 한다. 이를 위해선 교육도 강한 지능은 더욱 강하게, 약한 지능은 보완해 끌어올리는 게 필요하다. 실제 미국에선 다중지능을 교육에 적용해 성과를 본 사례가 많다. 특히 학습 효과가 높았다. 아이들 스스로 왜, 어떤 공부를 해야 하는지 잘 알기 때문이다."

도덕지능(MQ),
10세 지나면 이미 늦다.

내 위에는 별이 반짝이는 하늘
내 속에는 도덕률(道德律) 이 두 가지가
끊임없이 늘어나는 경탄과 경의로 마음을 가득 채워
더욱 자주 그리고 더욱 강렬할수록 사색(思索)의 마음은
이 둘에 이끌려진다. – L.칸트 (순수이성 비판)

도가니는 은을 풀무는 금을 연단하거니와
여호와는 마음을 연단하느니라
(잠17장3절)

미국의 아동심리학자 로버트 콜스(미국 하버드대 정신의학) 교수가 지능지수(IQ), 감성지수(EQ)와 더불어 아이들의 성장에 또 하나의 중요한 지수가 될 도덕지수(MQ)라는 개념을 그의 저서 [아이들의 도덕 지능(The Moral Intelligence of Children)]에서 한 말이다. 그에 따르면 아이들이 도덕적으로 성장하는데 밑거

름이 되는 MQ는 규칙적인 암기나 추상적인 토론, 가정에서의 순응교육으로는 길러지지 않으며, 어린이들 스스로 다른 사람들과 어떻게 하면 잘 지낼 수 있는가를 보고 듣고 겪으면서 MQ는 변한다는 것이다. 아울러 초등학교 시기가 도덕심 형성에 중요하다고 주장한다.

약속을 지킨 안창호 선생

안창호 선생이 중국 상하이에서 독립 운동을 할 때의 일이다.

어느 동포집에 들렀는데 그 집 아이 생일이 다음날이란 걸 알게 되었다. 그 아이에게 생일 선물로 인형을 사주기로 약속했다. 마침 그 때 상하이 홍커우 공원에서 윤봉길 의사 폭탄 투척 사건이 발생하여 독립 운동하는 사람들을 잡기 위해 샅샅이 뒤지고 있었다. 선생은 주위의 만류에도 불구하고 그 아이와 약속을 지키기 위해서 집을 나섰다가 일본경찰에 붙잡히고 말았다. 그때 안선생의 말이다. "장난으로라도 거짓말을 하지 마십시오. 꿈에라도 거짓말을 하지 마십시오."

▶ 안창호 선생은 위험을 무릅쓰고 어린아이 집으로 간 까닭과 우리가 본받을 점이 무엇인지 말해 봅시다. (초등 3-2 도덕)

왜 지능 중의 지능인가

종전에 우리는 IQ. 즉, 지능지수가 전부인 줄 알았고 IQ가 높은 사람만이 성공한 사람이 될 거라고 맹신했다. 그러나 교육학자와 심리학자들은 IQ 외에 더 많은 지능들이 있는데 그 중에 하나가 바로 MQ 도덕지수라고 하며 도덕지능은 아이가 다른 사람의 고통을 받아들이며 존경심을 가지고 다른 사람을 대하는 능력이라고 말한다. 특히 세계화 시대 다자간의 소통의 기술로서 이 지능을 요구하고 있다.

선진국이 되면 관료 선발 시 청렴도 즉, 도덕성이 가장 요구된다. 박근혜 대통령 당선초기 총리로 지명한 김용준 대통령직인수위원장이 인사검증 중에 도덕성문제가 탄로나 중도 사퇴한 것도 역시 도덕성이 갈수록 중요시되는 대목이라 할 수 있다. 결국 도덕성의 정도는 글로벌세계의 리더가 되는 최고의 가치라고 할 수 있다. 즉 지도자가 되려는 자에게 필요한 것은 (도덕의 어원 mores 에서 보여주는 것처럼) 예의, 범절, 습관 같은 것을 소중히 하는 것이다.

천로역정의 부모들

아이의 도덕성을 높이기 위해
꼭 실천해야 할 일

01. 강압적으로 야단치지 않는다.

부모가 아이를 훈육할 때, 독단적인 방식을 사용하면 아이는 남을 잘 도와주지 않게 되고 덜 동정적인 사람이 된다고 한다. 또 부모가 너무 관대하면 자녀는 방종하기 쉽다. 권위적인 부모 밑에서 자란 아이는 복종적이지만 부모가 지시하지 않으면 스스로 하지 않는다. 이러한 아이는 눈에 보이는 보상이 없으면 도덕적 행동을 하지 않는다. 그러므로 아이를 키울 때 너무 강압적으로 야단치거나 일방적으로 지시하는 방법은 좋지 않다.

02. 부모가 좋은 모델이 되어야 한다.

다른 사람이 남을 돕는 행동, 남에게 자신의 것을 나누어주는 행동을 자주 보며 자란 아이들은 그렇지 못한 아이들보다 더 도덕적 행동을 한다. 그래서 부모가 모범을 보여주면 아이도 도덕적 행동을 하게 된다. 연구 결과 이러한 모델링의 효과는 지속성이 있는 것으로 밝혀졌다. 어른이 되어서 적극적으로 남을 돕는 사람들은 어려서부터 부모가 남을 돕는 모습을 보며 자란 경우가 많다. 그러나 만약 부모의 말과 행동이 불일치할 때는 오히려 아이의 도덕성을 떨어뜨리는 것으로 나타났다. 부모가 거짓말은 나쁜 것이라고 말하면서 부모 자신은 아이 앞에서 다른 사람에게 거짓말을 하는 모습을 보여준다면, 아이는 필요에 따라서 거짓말은 해도 된다는 것으로 받아들인다.

03. 아이 스스로 도덕적이라고 생각하게 만든다.

스스로 자신이 도덕적이라고 믿는 아이들은 실제로 더 도덕적으로 행동한다. 그래서 아이 스스로 자신이 도덕적이라고 생각하게 만드는 것이 중요하다. 아이의 도덕적 자아상을 발달시키기 위해서는 아이가 착한 일을 했을 때, 그 행동에 대해 아이의 친절한 기질이나 내적 동기와 연결하여 칭찬해주어야 한다. 단지 "잘했다."라고 착한 일 자체만을 언급하는 것보다 "네가 친구와 나누는 걸 좋아하니까 친구에게 네 장난감을 빌려줬구나."라는 예처럼 말이다.

04. 경쟁이 아닌 협동을 강조한다.

아이에게 동기를 부여하기 위해 경쟁심을 부추기면 협동심이 발달하지 못한다. "누가 제일 잘 치우는지 보자."라는 식으로 말하는 것은 아이로 하여금 '승자는 한 사람뿐이며, 누군가를 돕거나 협동하면 자신은 일등을 할 수 없을 것'이라고 생각하게 만든다. 반대로 "우리가 함께 얼마나 이 장난감들을 잘 치우는지 보자."라는 식으로 개인의 성취보다 집단의 성취를 강조하면 아이는 협동의 미덕을 쉽게 배운다.

05. 5가지 기본 능력을 갖추게 하라.

열 살이 되기 전 갖춰야 할 기본 능력 다섯 가지가 있다. 공감·감정조절력·분별력·사랑·책임감이다. 공감은 남의 감정을 헤아리는

천로역정의 부모들

능력이다.

이런 능력을 이어 받아 규칙을 정하고, 이에 따라 행동하면 욕구를 많이 줄일 수 있다. 분별력을 키워주는 방법은 간단하다. 안 되는 일에 '안 돼!'라는 신호를 과감하게 보내는 것. 부부가 서로 아끼는 모습을 보여주면 아이도 사랑의 기술을 자연스레 익힐 수 있다. 아이의 일은 스스로 해결하도록 놔둬라. 그러면 책임감이 길러진다. 사랑은 감정이 아니라 습관이다.

-에리히 프롬 저 〈사랑의 기술〉

아빠가 회사에서 돌아오면 무조건 뛰어가서 "아빠 잘 다녀 오셨어요."하고 인사를 한다. 아이들은 그것이 도덕적인지 아닌지 어렸을 때는 잘 알 수가 없다. 이런 예절의 구체적인 의미를 알고 행동을 한다면 그때는 이미 습관화하기에 늦다. 다만 부모가 하는 대로 시켜서 했지만 차츰 그래야 하는구나 하고 깨닫게 되는 것이 도덕교육의 특징 중 하나다. 많은 부모들이 이를 망각하여 도덕교육의 시기를 상실한다.

학동기의 건강한 도덕성 형성과 훈련은 이후에 닥칠 여러 가지 위협의 노출, 예를 들면 학교폭력, 왕따, 게임 중독, 자살, 그 밖의 여러 가지 위협 속에서도 자녀를 지켜주는 든든한 버팀목과 방호벽 역할을 할 것이다.

07

사회성(사교성)
공부만 잘 하믄 다가 아닌 겨

Who finds himself without friends is like a body with
친구가 없는 사람은 영혼이 없는 몸과 같다. – 격언

많은 친구를 얻는 자는 해를 당하게 되거니와
어떤 친구는 형제보다 친밀하니라
(잠18장24절)

◀ 스포츠는 사회성을 키우는
최고의 기술이다.

인생의 일할은

나는 학교에서 배웠지.

아마 그랬을 거야

매 맞고 침묵하는 법과

시기와 질투를 키우는 법.

그래도 타인과 나를 끊임없이 비교하는 법과

경멸하는 자를

짐짓 존경하는 법.

그중에서도 내가 살아가는데 있어.

가장 도움을 준 것은

그런 많은 법들 앞에 내 상상력을

최대한 굴복시키는 법.

- 유하

위 시에서 보여준 것처럼 사람은 누구도 자기 혼자서는 자기 자신을 이해하지 못하며 다른 사람과 만남으로서 자신이 누구인지 알게 된다. 심리학자 폴 투르니에 또한 한자어에 사람 인(人) 자의 경우 혼자서는 사람이 되지못하고 받쳐주는 그 누군가가 있어야만 비로소 人(사람 인)자가 된다고 하는 것처럼 인간에게도 나 아닌 남이 있어야 나답게 만들어

주는 구성요소가 된다고 말했다.

어느 학교에도 친구가 없는 외로운 아이들이 있다. 그 아이들의 얼굴에는 기쁨이 없다.

그들의 가정환경이 그들을 친구가 없도록 내몰았다. 즐거운 곳 즉, 소풍, 체험학습, 수영장, 드림랜드를 걸어가든, 차를 타고 갈 때든, 같은 좌석에 친구가 없는 아이들이 바로 외로운 아이들, 친구들한테 인기가 없는 가엾은 아이들이다.

아이들에게 학교나 교실, 급우들은 사회성 그 자체라고 해도 과언이 아니다. 그러나 현실에서 부모들은 이에 대한 충분한 이해나 필요성을 지각하지 못한다. 부모들의 주된 관심사는 그런 지엽적인 문제가 아니고 오직 학업성적 그 한가지다. 동물들이 어려서 어떻게 생존의 기술을 터득하는지 본다면 조금은 달라질 것이다. 새끼사자들의 놀이는 그들의 생존자체와 직결된다. 또한 그 시기에 배우지 않으면 결손상태가 되어 성년이 되었을 때 먹이사냥을 할 줄 몰라 배가 고파 죽을지도 모른다.

천로역정의 부모들

친구가 없는 아이들의 학교생활의 특징 

01. 쉬는 시간에 상대해 줄 친구가 없다.

02. 친구들이 놀이패에 끼워주지 않는다.

03. 노는 아이들 주변을 배회하거나 서성거린다.

04. 학급반장, 모둠장 선거 등에서 거의 표가 없다.

05. 때때로 왕따를 당하기도 한다.

06. 표정에 생기가 없고 안색이 나쁘다.

07. 소극적이거나 내성적인 성격으로 자기표현이 서툰 학생.

08. 매사에 자신감이 없고, 학업 성적도 대체로 저조한 편이다.

09. 건강이 나쁘거나 체육활동 등을 싫어하는 편이다.

10. 외부에서 전학 온 아이나 변두리 지역 아이들이 많다.

사회성은 인간됨의 첫출발 

사회성 또는 대인관계 문제는 인간이 살아갈 때 평생을 안고 살아가야 하는 숙명과도 같은 것이다. 어른아이 빈부귀천, 남녀노소, 동서고금, 가정, 학교, 사회, 지구촌 그 어느 곳이나 생존의 현장에는 공기처럼 존재하기 마련이다. 그래

서 그럴까? 우리는 이 문제에 대해서 애초부터 비중있게 생
각하려 들지 않았다.

　행복한 사람일수록 그 어린 시절은 이해관계가 따뜻하고
아름다웠던 것이 사실이었다. 반대로 '히틀러' 같은 인물에
게 있어서는 그 어머니의 익애와 아버지의 지나친 엄격함으
로 아들의 인격을 일탈적으로 만들었다. 한국청소년 중에서
1년간 중퇴자 수가 무려 6만 명이나 되며 자살자수 또한 헤
아릴 수 조차 없이 많다.
　유전적이며 기질적 질병으로 분류된 극소수를 제외하고
대다수는 후천적이며 부모와의 불완전한 애착형성에서부터
비롯되었기 때문에 그 원인의 대다수는 가정교육부재로 그
원인을 돌리지 않을 수 없다.
　범죄자의 일반적인 특징이 두 가지가 있다고 한다. 하나
는 역시 어린 시절의 불우한 가정환경이며 또 하나는 친구
와 더불어 놀이를 제대로 하지 못한 것을 원인으로 꼽는다.
학력경쟁위주, 일류위주의 현대사회자체가 관계를 파탄 내
게 했으니 중학교만 들어가도 친구는 나의 보이지 않은 경쟁
자이며 적인 셈이다. 인성의 토대위에 학력의 탑이 쌓아져
가야하는데 지금 우리는 반대로 가고 있다. 마치 바늘허리를
묶어서 바느질하는 형국이다.

　　　　　　　　　　　천로역정의 부모들

한국인의 특징인 빨리빨리 문화가 오늘 우리를 부하게 하였다고 해도 그 그늘 뒤에는 수많은 부작용 또한 숨겨져 있는 게 부인할 수 없는 사실이다. 급속하게 증가된 산업사회 구조 속에서 자기표현에 서툰 한국인들의 사회성은 점차 메말라가고 있다. 초등학교에 자녀를 입학시킨 학부형은 자신의 아이가 유치원에서 큰 문제가 없었으니 초등학교에서 조차 없으리라고 속단한다.

대부분의 부모가 속고 있는 일반적 특징 중 하나가 바로 이런 자기 자식만은 아무런 문제가 없다고 지나치게 낙관하고 있다는 사실이다. 사회성이 좋은 아이는 정신이 건강한 아이며 나누고 배려하며 동시에 자신의 개성을 살리는 좋은 쪽으로 상당히 복잡한 양상을 띠고 있는 아이이다. 학교의 필요성을 사회적 측면에서 말한다면 성인이 되었을 때 잘 적응하기 위한 예비학습이라고 말할 수도 있을 것이다.

일부 부모들은 자녀 하루 스케줄을 숨 막히게 조정하여 아이로 하여금 친구조차 마음대로 사귈 수 없도록 엄격하게 통제한다. 엄부·엄모형 부모들의 자녀들은 장차 성인이 되었을 때 적응부진으로 반드시 후회할 일이 생긴다는 역사적 사실을 기억했으면 한다. 친구와 우정에 대한 부모의 충분한 이해가 있을 때 자녀의 사회성은 성숙될 것이다.

〈 친구 〉

친구란 그대들의 모자란 부분을 채워주는 존재

사랑으로 뿌린 씨를 감사로 수확하는

그대들의 들판이자 그대들의 식탁

아늑한 화롯가

때로는 그가 속마음을 고백할 때

'아니야'라고 말하며

때로는 '그렇지' 고개를 끄덕이지만

그가 아무 말하지 않을 때에도

그 가슴에서 울려나오는 소리를 들어야 한다.

우정 속에는 아무런 존경이나 박수소리도 없지만

모든 생각, 모든 욕망, 모든 기대가 기쁨으로 태어나

말없이 서로의 가슴에 새겨질 것이다.

헤어짐이 다가와도 슬퍼 말라.

그대가 사랑하는 그의 모습은

그가 없을 때 더욱 선명해질 것이므로

산을 오를 때 그 산은 벌판에서 더욱 선명히 보이듯이

그대의 우정은 영혼의 깊이를 향해 달려가는

단 하나의 목적을 위한 것 – 이하생략

– 칼릴지브란

  천로역정의 부모들

내가 어릴 적 곤궁할 적에 포숙과 함께 장사를 할 때, 이익의 분배를 내가 포숙보다 더 많이 가져갔는데 포숙은 나를 탐욕스럽다고 여기지 않은 것은 내가 가난하다는 것을 알아주었기 때문이었고, 벼슬길에 올라 많은 실수로 사람들은 나를 어리석다고 했지만 포숙은 나를 무능하다 하지 않고 때를 만나지 못했기 때문이라고 알아주었다. 또한 내가 포숙아와 함께 전쟁터에 나갔을 때, 내가 세 번이나 도망을 치자 사람들은 나를 비겁하다고 질책했지만 포숙아는 내가 집에 연로한 어머님이 계시기 때문이라고 알아주었고, 또 나와 포숙아가 제나라의 두 공자인 규(糾)와 소백(小伯)의 사부가 되었다가 내란에서 공자 규를 모시던 내가 공자 소백에게 패하여 참수형의 위기에서 포숙아의 설득으로 목숨을 구하고 오히려 재상의 자리까지 나에게 물려주어 내가 이 자리까지 올 수 있도록 나를 알아주었다.

결국 나를 나아주신 분은 부모님이지만 나를 진정으로 알아준 이는 포숙아이다.

〈사례〉 **이명경의** 이럴 땐 이렇게

아이가 친구 사귀기 힘들어 한다면, 같은 반 친구들 초대해 봐요

3월은 아이들에게 스트레스가 많은 시기이다. 새로운 선생님과 교육과정에 적응해야 하고, 낯선 친구들 사이에서 새로운 친구관계를 시작해야 하기 때문이다. 내성적이거나 자신감이 부족한 아이들은 새로운 친구를 사귀는 일을 많이 어려워하고, 외향적인 아이들도 새로운 친구를 사귀는 과정에서 여러 가지 실수와 실패를 경험하기 때문에 부모와 교사의 도움이 절실하다. 부모가 "친구들과 싸우지 말고 사이좋게 잘 지내!" 등의 두루뭉술한 충고만 하거나 "너는 왜 자신 있게 친구에게 다가가지를 못하니?"하며 야단만 치는 것은 별 도움이 되지 않는다. 대신 조금 더 세심한 배려가 필요하다.

첫째, 친구들과 나누어 쓸 수 있는 물건을 여유있게 준비해 준다. 평소에 연필, 지우개, 자 등의 학용품과 준비물을 여유 있게 가지고 다니면서 필요한 친구에게 빌려주도록 한다. 단, 물건을 빌려줄 때는 친절하고 기분 좋게 빌려주고 빌려준 물건은 반드시 되돌려 받도록 가르친다. 그리고 친구가 빌려간 물건을 망가뜨리거나 잃어버렸을 때에도 "괜찮아, 다음번에 그러지마."라고 이야기할 수 있도록 한다.

둘째, 친구들을 초대한다. 같은 반 친구 중에 특히 더 친하게 지내고 싶은 친구가 있거나 가까이 사는 친구가 있는 경우 친구를 초대할 수 있다.(특히 생일날은 찬스다.)

셋째, 친구 사귀는 데 필요한 구체적인 기술을 가르치고 연습시킨다. 친구에게 먼저 말을 걸고 싶을 때는 친구가 여러 다른 친구들과 함께 있거나 바쁘게 무언가를 하고 있을 때를 피해서 말을 건다거나 친구에게 도움을 받은 후에는 꼭 "고마워."라고 표현하는 등 구체적인 기술을 알려주고 집에서 부모와 함께 연습하는 것이 필요하다. 연습을 할 때는 아이와 부모가 친구의 역할을 번갈아 하면서 구체적인 기술을 여러 상황에서 적용해 보는 것이 좋다.

넷째, 아이가 친구를 사귀는 과정에서 받게 되는 상처에 귀 기울이고 다독여준다. 아이가 노력함에도 불구하고 친구가 쉽게 마음을 열지 않거나 오해를 사서 오히려 친구관계가 멀어지는 경우도 있다. 이때 부모는 아이의 속상한 마음을 충분히 듣고 공감해 주어야 한다. 어른들도 자기 뜻대로 안 되는 상황이 있고 자기 맘 같지 않은 친구를 만나게 된다는 것을 말해 주면 아이는 훨씬 큰 편안함을 느끼게 된다.

－한국집중력센터 소장(교육학 박사)

 ## 친구에서 우정으로 넘어가는 4단계 법칙

친구와의 우정은 피난처를 제공하는 나무와 같다. 성경에 나오는 우정에 관한 것이다.

첫째, 친구들이란 있어도 없어도 되는 선택할 수 있는 존재가 아니라 필수 불가결한 존재다. 진정한 관심을 쏟고 들어주며, 느껴주며, 위로해주며, 때로는 책망해주는 사람, 즉 친구를 대체 할 것은 아무것도 없다.

둘째, 친구들이란 자동적으로 얻어지지 않는다. 친구는 계속 만들어져야 한다.(청소년시기) 친구를 가진자는 자신이 친한 친구임을 보여 주는 노력을 해야 한다.(건전한 방법으로)

(잠18:24) 새뮤얼 존슨은 이렇게 썼다. "사람은 자신의 우정을 끊임없이 가꾸고 키워가야 한다. 우정도 나무처럼 키워갈 필요가 있는 것이다."라고.

셋째, 친구는 중립적이지 않다. 그들은 우리 삶에 끊임없이 영향을 미친다. 그러므로 당신의 친구들을 신중하고 지혜롭게 선택하라. 반역자들은 반역자에게서 끌리는 법이다. 정녕 지혜롭기를 원한다면 지혜로운 친구를 고르라.

천로역정의 부모들

우리 아이가 아래 내용 중 어느 정도 실천하고 있는지 알아보고 부족하면 의도적으로 가정에서 알려 줄 것. 그럼 많은 친구를 가질 수 있을 것이다.

01. 친구에게 내가 먼저 "안녕."하고 말한다. 항상 웃는 얼굴로 묻는 말에 대답한다.

02. 친구가 어려운 일이 있을 때 "내가 도와줄까?"라고 물어본다.

03. 다른 친구가 내 친구를 험담할 때 왜 그런지 그 이유를 들어보고 다른 친구에게 피해가 가지 않도록 말해준다. 오해가 생겼을 때 쪽지에 글을 써서 보낸다.(문자도 좋다.)

04. 준비물이 없어 쩔쩔맬 때 재빨리 도움을 준다.

05. 맛있는 것을 먹거나 줄만한 선물이 있으면 서로 나눈다.

06. 화가 났을 때 : "네가 이렇게 하여 내가 기분이 상했어."

07. "왜 그렇게 했는지 궁금해."라고 물어 본다. 친구 집에 가서 너무 오래 머물지 말 것.

08. 친구가 말하면 건성으로 듣지 말고 눈을 보며 맞장구를 치며 열심히 듣는다.

09. 서로 화가 나서 싸운 경우 용기를 내어 내가 먼저 사과의 말을 한다. "아까는 미안했어. 우리 다시 사이좋게 지내자."

담임교사와 더불어
우리아이 사회성 발달하기

아이들 중에는 부모의 성격과 전혀 다른 아이가 태어나서 부모를 애먹이는 경우가 있다.

부모는 외향적인데 자녀는 내성적이라든가 그 반대의 경우 부모들은 혼란에 빠지게 되고 낙담하게 된다. 그렇다고 내향적인 사람의 성격이 나쁘다든가, 바람직하지 못한다든가 하지는 않고 다만 학교생활 하기에 불편하다는 것이다.

이시형 신경정신과 의사는 내향적인 사람이 한국인의 70%정도를 차지할 정도로 많다고 한다. 우리가 알고 있는 대다수의 예술가들은 거의 다 내성적이란 사실이다. 그들은 인내심이 있어서 무슨 일이고 반드시 성취해 내는 장점을 가지고 있기 때문이다. 내성적이고 사회성이 부족한 아이들을 잘 계발하면 두 가지 장점을 동시에 가질 수 있으므로 매우 바람직할 것이다.

의미 있는 타인으로서 **친구의 중요성**

아이에게 자기관과 세계관에 중요한 영향을 주었거나 주고 있는 사람이 의미 있는 타인이 된다. 우리는 주로 부모형제, 친척, 선생님 등을 떠올리지만 아이들이 급속도로 사회화가 시작되면서 친구의 중요성이 커진다. 때로는 부모형제보다 또래의 영향을 많이 받고 심하면 사춘기시절 동반가출, 동반자살에 이르기도 한다. 왜 그럴까?

첫째, 친구들은 학교에서 따른 친구가 때리거나 준비물이 없을 때 빌려줌으로서 위기에서 구해준다.

둘째, 자녀들에 대한 평가에 영향을 미친다. 타인의 눈을 통해서 자신을 가늠한다.

셋째, 유사성이 많을수록 더 의미를 부여한다. 방과후 학교, 같은 학원, 같은 아파트, 같은 취미 등

넷째 영향력을 주고받으면 더 강렬한 관계가 된다. 그러므로 좋은 친구와 사귀는 것은 자녀의 품성교육에 지대한 영향을 미친다.

실패한 자녀교육 : 에디슨과 간디는
왜 자녀교육에 실패했을까?

(처칠의 아들·토마스 에디슨 2세·간디의 큰아들·헤밍웨이 아들·킹 목사 자녀들)

이 세상에 가장 어려운 2가지가 있다.
골프와 자녀교육이다.

너는 마음을 다하여 여호와를 의뢰하고
네 명철을 의지하지 말라
너는 범사에 그를 인정하라
그리하면 네 길을 지도하시리라
(잠3장5~6)

역사적 위인들, 그러나
그들은 **자녀교육에 실패한 부모**였다.

:: 처칠

"위대한 아버지가 살아 있는 동안은 무리야. 거대한 떡갈나무 곁에서 자라는 어린 나무는 노목의 그늘에 가려 빛을 보기 힘들어." '자기도취에 빠진 런던의 아기 공작새'라고 야유 받던 랜돌프는 아버지 처칠의 지원으로 의원선거에 출마해 여섯 번이나 떨어지자 이렇게 말했다. 그 역시 아버지를 닮은 뛰어난 문장력과 강연으로 생활을 꾸려 갔지만 폭음으로 생을 마감했다. 빼어난 통찰력을 가졌던 처칠도 아들에게만은 그 힘을 전혀 발휘하지 못한 것이다.

:: 토마스 에디슨

학교 무용주의자로 자식들을 제대로 교육시키지 않았던 에디슨, 그의 장남 토마스 주니어는 사기꾼들에게 속아 '토마스 에디슨 2세 전기회사'를 설립한 뒤 '사람의 생각을 찍는 기계'를 발명했다며 아버지의 명성을 이용했으나 곧 망했다. 그 뒤 또 명의를 빌려서 사기를 치려 하자, 에디슨은 발명가의 재능이 없는 아들에게 농장을 사 주며 농사에 전념할 것을 당부했다. 하지만 실패를 거듭한 토마스 주니어는 결국 스스로 목숨을 끊었고, 둘째 윌리엄도 실업자로 전락해 아버지에게 생활비를 받으며 지냈다.

:: 간디

돈을 훔치다 사기죄로 기소되고, 술과 여자에 빠져 아버지의 다비식에도 참석하지 못한 간디의 큰아들 할리할은 네 아들 중 간디의 뜻을 승계하지 못한 유일한 자식이었다. 그 역시 처음엔 '작은 간디'라는 이름을 얻을 정도였으나, 자식을 소유물로 여겨 지배하려던 아버지와의 잦은 마찰로 이슬람교로 개종까지 하고 아버지에게 등을 돌린다. 훗날 간디는 자서전에서 정치에 시간을 빼앗겨 성장기 아이들을 돌보지 못했던 점을 크게 후회했다.

:: 헤밍웨이

미국의 대문호 헤밍웨이의 아들 그레고리도 심한 우울증에 시달리다 결국 구치소에서 쓸쓸히 생을 마감했다. 그의 죽음 뒤에는 술과 여자, 여행에 빠져 가족을 돌보지 않았던 아버지가 있었다.

:: 마틴 루터 킹

"I have a dream" "나에게는 꿈이 있습니다." 미국의 대

천로역정의 부모들

표적인 비폭력 흑인 인권지도자 '**마틴 루터 킹**' 목사 자녀들 또 유산다툼으로 미국을 떠들썩하게 하고 있다. 킹 목사의 부인 코레타 스콧 킹 여사는 2006년 타계했다. 이후 2남 2녀가 서로 유산상속을 두고 법정공방이 계속되고 있으며 어느 한쪽도 양보하지 않고 있어 고인의 얼굴을 크게 훼손하고 있다고 타임즈지는 보도했다

위인이든 평범한 사람이든 자식을 제대로 키우기란 어려운 일이며, 반대로 자식 노릇하기도 그리 쉽지만은 않아 보인다. 제 아무리 똑똑한 자식이라도 늘 아버지를 닮지 못한 존재로 남을 수 밖에 없는데, 하물며 성공한 아버지의 이름에 누를 끼치지 않아야 한다는 부담을 안고 살았던 그들에게, 아버지는 하나의 커다란 짐이었을지도 모른다.

즉, 에디슨, 간디, 처칠, 마틴 루터 킹목사와 같은 위대한 인물들, 헤밍웨이 같은 천재적 재능을 가진 예술가의 자식들이 상상을 불허할 정도로 불행하고도 비극적 삶을 자초했다는 것은 그 부모들이 쌓은 명망에 심히 큰 먹칠을 한 것임에 부정할 수 없다.

또한 자녀 교육은 예외 없이 그 누구에게도 어렵다는 사실이다. 역사에 빛을 낸 위인이 되었지만 자녀들에게는 소홀

하였음은 우리에게 주는 의미가 커 보인다.

<신창원 어릴 때부터 물건 훔쳐, 15살 때 소년원 첫발>

　신창원은 67년 전북 김제의 한 농가에서 4남1녀 중 3남으로 태어났다. 8살에 어머니를 여의고 홀아버지 밑에서 자랐다. 어렸을 때부터 크고 작은 도둑질을 많이 한 것으로 알려졌다. 어려운 살림살이 때문에 남의 밭과 가게에서 먹을 것을 훔쳐 먹기 시작한 게 도둑인생의 시작이었다. 발이 빨라 도망치면 아무도 못 잡았다고 동네사람들은 전한다.

　또 무작정 멀리 달아나는 것이 아니라, 가까운 나무 위에 올라가 숨어서 추적자의 동향을 살피곤 했다는 것이다. 신은 어려서부터 싸움을 잘 했다. 패배를 인정하기 싫어했고, 원하는 것은 반드시 손에 넣는 성격이었다.

　학교생활에는 의욕이 없었고, 초등학교 시절부터 가출을 시작, 중학교에 진학한 지 석 달 만에 퇴학당했다.

　신이 처음 옥살이를 한 건 다름 아닌 아버지의 손에 의해서였다. 아들의 버릇을 고치려는 아버지의 신고로 15살 때 소년원에 첫발을 들여놓았고, 그 1년 동안 범죄에 눈을 떴다. 인천 소년원에서 익힌 권투실력은 이후 경찰관들과의 격투 때마다 발휘됐다. (하략)

조선일보, 1999. 7. 16.

천로역정의 부모들

　사람은 누구나 성공한 자를 본받길 원한다. 그러나 성공한 사람의 상황이 나와 똑같을 수는 없다. 수많은 시행착오를 하기에는 인생은 너무 짧다. 그러나 실패에 있어서 시행착오는 매우 적기 때문에 성공을 배우기보다는 실패에서 배우는 것이 매우 효율적이고 합리적이다.

　최근 경영학계 화두가 실패학에 관한 이론이라고 한다. 일본 교수(하타무라 요타로, 실패학의 권유)가 연구한 것으로 경제가 어려울 때 가장 빠르게 성공으로 가는 방법을 찾아냈다고 해서 크게 각광을 받고 있다.

　마찬가지로 실패로 끝나지 않고 성공하기 위한 방안이 바로 실패하는 자녀 교육의 부모유형을 찾아보고 자신을 되돌아보게 하는 것으로 뉴욕 경찰청의 '자녀를 망치는10가지 길'과 강경호님의 좋은 책 '자녀 양육과 아동 문제 상담'에서 발췌한 글이다.(한사랑연구소 1999년)

　실패는 성공의 어머니라고 한 것처럼 실패를 거울 삼으면 성공은 역으로 따라 올 것이다.

01. 아동에게 애정 표현을 잘 안하는 부모 : 무표정형

02. 아동에게 적대적인 태도로 보이는 부모 : 체벌형

03. 예의나 규율에 엄격한 부모 : 규율부장형

04. 매사에 아동 행동을 참견하는 부모 : 참견형

05. 아동을 지나치게 걱정하는 부모 : 익애형

06. 무엇이든 자녀가 원하면 다 해주는 부모 : 시녀형

07. 아동을 절대로 혼내주지 않는 부모 : 복종형

08. 자녀와 오이디푸스 갈등관계

자녀를 망치는 열 가지 길 – 미국 시카고 경찰청

(못된 자녀를 기르는 10가지 비결)

※ 실패한 자녀교육은 지나친 엄격함에서도 나타나지만 지나친 방관주의 부모에게서 더욱 많이 발생하는 것으로 이는 저자가 오랜 현장경험을 통해서 여실히 체험한 바 있다. 바람직한 모델을 보여주지 않은 이 방만한 자녀교육은 사회가 요구하는 방향과 당연히 벗어나서 자신의 욕구와 충동으로 행동한다는 점에서 큰 문제를 가져온다.

01. **아이가 갖고 싶어 하는 것은 무엇이든 다 주어라.**

그러면 아이는 세상의 모든 것이 자기 것이 될 수 있다고 오해하면서 자랄 것이다.

                                               천로역정의 부모들

02. 아이가 나쁜 말을 쓸 때면 그냥 웃어 넘겨라.

그러면 자기가 재치 있는 줄 알고 더욱 나쁜 말을 하고 나쁜 생각을
할 것이다.

03. 그 어떠한 형태의 교훈적인 훈련과 교육도 시키지 마라.

커가는 과정에서 스스로 알아서 잘 할 것이라고 믿고 내버려 두
어라. – 이하 생략

실패한 자녀교육사례를 통해서

타인의 실패를 통해서 배운다는 것은 인간이 다른 동물보
다 앞서는 또 하나의 이유라면 이유일 것이다. 세상에 그 어
떤 어버이도 그 자녀를 망치고 싶은 분은 없을 것이다. 각자
나름 최선을 다한다고 하지만 부모 뜻대로 그렇게 잘되지 않
는 것이 자녀교육문제라고 한다. 왜 위인들의 자녀들이 성공
하지 못 했을까? 이에 대한 대답은 인간은 **붕어빵 틀에서 구
어 나온 붕어빵이 아니란 사실이다.** 인간정신세계의 복잡성
이 이걸 말해주고 있는 것이다.

아이 꿈, 부모 꿈 따로 노는
진로교육과 진로탐색

먼저 뜻을 세워 어떤 일에 있어도 위대한 사람이 되겠다고
다짐하고서 조금도 늦추지 않아야 한다.
공부하는 사람이 죽을 때까지 책을 읽으면서도
큰 성과를 거두지 못하는 것은
뜻을 세우지 못했기 때문이다. –이이 〈격몽요결〉

두려워 말라 내가 너와 함께함이라
놀라지 말라 나는 네 하나님이 됨이라
내가 너를 굳세게하리라 참으로 너를 도와주리라
참으로 나의 의로운 오른손으로 너를 붙들리라
(이사야 41장10)

 **김연아**의 초등 1년 때 꿈

'꿈은 반드시 이루어진다'라는 말이 있다. '꿈은 절대 배신

하는 법이 없다, 이루어 질 것이다'라고 확고하게 믿는 사람
에게 꿈은 현실이 된다고 한다.

　김연아는 초등학교 1학년 때 가족들과 올림픽공원에서
'알라딘'이라는 아이스쇼를 보았다. 그 때 본 아이스쇼가 계
기가 되어 피겨선수라는 꿈을 꾸게 되었고 담임선생님께 일
기장과 편지에 자신의 꿈 '피겨선수'가 되겠다고 적었다.

　담임선생님은 가정통신문에 '국가대표 피겨선수가 되겠
다고 다짐한 연아가 너무 대견합니다' 라고 썼다고 한다. 그
당시 연아는 운동선수하기에는 키가 너무 작고 가냘펐으며
수줍음도 많이 타는 성격이었다고
한다.

　그런 불리한 조건을 뛰어넘어 12
살 이전에 마스터해야 하는 점프기술
을 완수하며 수많은 엉덩방아와 부
상 끝에 그가 초등학생 때 꾸었던 국
가대표 피겨스케이트 꿈은 물론 세계
피겨스케이트 정상의 꿈까지 이루게
된 것이다.

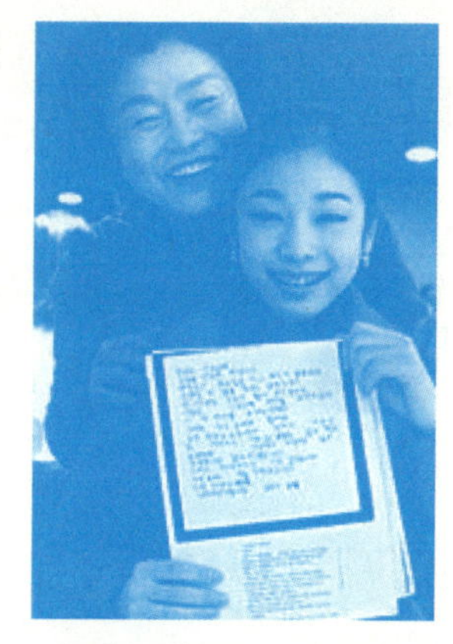

김연아가 윤명자 교사로부터 자
신이 초등학교 1학년 때 썼던 편
지를 받아 읽으면서 웃고 있다.
　　　　　과천=박종근 기자

100년 만에 이루어진 오바마의 꿈

100년 전 백인의 노예였던 흑인. 미국 역사상 첫 흑인으로 제 44~45대 대통령으로 당선된 버락 오바마도 가슴에 품은 꿈에 대해 의심하지 않았다. 오바마가 쟈카르타 시내 카톨릭 계통의 아시시 초등학교 다닐 때 일화이다. 작문시간에 선생님은 아이들에게 꿈에 대해 적도록 했다. 그리고 각자의 꿈을 발표하도록 했다. 이 때 적은 그의 꿈이 훗날 현실로 이루어졌다고 한다. 그는 선거유세에서 마틴 루터킹 흑인 인권운동가의 글을 인용하여 수많은 유권자들의 마음을 사로잡았다고 한다.

"나에게는 꿈이 있습니다. 조지아 루의 붉은 언덕에서 노예의 후손들이 형제처럼 손을 맞잡고 나란히 앉게 되는 꿈입니다. 내 아이들이 피부색을 기준으로 사람을 평가하지 않고 인격을 기준으로 사람을 평가하는 나라에서 살게 되는 꿈입니다."

– 마틴 루터· 킹목사 연설문

       천로역정의 부모들

"내 꿈이 뭔지 모르겠어요"
우리나라 청소년의 실상

　"이제 곧 고3인데요, 진짜 아무리 생각해도 전 잘하는 것이 하나도 없고요….", "미치겠어요,공부도 못하는데 대학 가면 뭐해요, 등록금만 아깝잖아요….", "학교 갔다 학원 갔다 하느라 시간도 없는데 갑자기 꿈이 어떻게 정해져요….", "아직도 전 진로도 안정했고 목표도 없는데 이런 공부들만 하려니까 괜히 짜증도 나고 귀찮기도 하고…. 진짜 제가 원하는 삶은 뭘까요? 시간은 계속 흘러가는데 전 그저 매일매일 똑같게만 살고 있는 것 같아서 뭔가 서럽고 억울해요…."

　한국직업능력개발원에 들어가면 이런 글들이(2012년12월) 3만 4천 여건이나 게시되어 있다. 달리기선수가 어디가 결승선인지 모르고 출발하는 것처럼 목표가 없다는 학생이 이처럼 많다는 것은 자신에게나 국가적으로 큰 문제가 아닐 수 없다. 자신이 무엇을 잘하고 잘못하는지에 대한 기본적 자기탐색은 진로를 정하는데 가장 중요한 기초인데 우리 자녀들은 오직 공부 그 자체나 대학입시라는 하나의 목표만을 향하여 증기기관차 마냥 냅다 달려가고 있다.

그러다가 원하는 대학에 들어가지 못하면 죄 없는 아이들은 졸지에 인생낙오자 취급을 받게 된다. 이와 같은 자신의 진로에 대한 불안은 곧바로 대학입시로 연결되어 입학원서 제출을 앞두고 온 가족이 007 눈치작전에 돌입하는 것이 입시철 우리 현실이다. 자신의 적성과 능력을 무시한 입학선택은 행운이라기보다 때로 재앙에 가깝다.

학교에 다니면서 다시 시험을 준비하는 반수학원이 학원건물마다 플랜카드로 손짓한다. 이 얼마나 개인적, 사회적으로 낭비인가. 이런 일이 없도록 부모는 어린시절부터 자녀가 무엇에 관심이 있는지 함께 탐색을 해 보아야 한다. 대게는 부모의 영향을 선천적으로나 가정환경 가운데 받게 되어 있기 때문에 부모자신이 무엇에 관심이 있는지 살펴보면 자녀의 흥미도 어느 정도 알 수 있다. 그렇다고 해서 꼭 그 원칙에 들어맞는 건 아니다.

발명왕 에디슨은 어린시절부터 마을의 대장간이나 여러 종류의 공장구경을 좋아했다고 한다. 또한 세계적인 투자의 귀재 워랜 버핏은 아버지 근무하는 증권가에서 주식에 대해서 단지 6살의 어린나이에 배웠다고 한다.

　이렇게 부모가 **조기에 자녀의 꿈을 찾아주기에 나서야한
다.** 그것은 순전히 부모의 몫인데 부모들은 이 시기에 꿈쩍
않고 있다가 대학입시철에 허둥지둥하니 문제가 풀리지 않
고 꼬일 수 밖에…. 자녀가 우주과학자가 되고 싶다면 기상
청이나 천문대에서 가서 별자리를 관찰하며 대화를 나눠본
다든가 학교 체험활동 후 소감을 통해서 알아볼 수도 있다.

　음악회, 연극, 극장, 박물관 등도 아주 훌륭한 진로 체험
장이 될 수 있다. 아는 사람이 자녀가 원하는 직업을 갖고 있
다면 함께 방문하여 그런 일에 대한 이모저모 설명을 통해서
자녀의 관심사를 살펴볼 수도 있을 것이다. 마트에서 물건
하나를 사더라도 물건이 어떤 경로를 타고 오는지 자녀와 대
화를 나누면 학습은 물론 자녀가 장차 사업에 관심이 있다면
좋은 진로 탐색의 기회가 될 것이다. 이와 같이 진로체험은
멀리 있는 게 아니고 우리 생활주변에서도 얼마든지 찾아볼
수 있다.

　독일에서는 초등학교 4학년 때 대학까지 갈 것인가 아니
면 직업교육을 받을 것인가를 정한다고 하는데 그에 비하면
우리의 교육은 뭔가 크게 잘못된 방향으로 흘러가고 있는 것
같다.

　"지금 잠을 자면 꿈을 꾸지만, 지금 공부하면 꿈을 이룬

다.” 하버드 대학교 도서관에 적힌 글이다. 모두 불가능하다고 한 일을 오로지 꿈을 잃지 않고 노력한 사람들이 이뤄냈듯이 소중한 자녀의 꿈을 이루기 위해 아이와 함께 한 걸음씩 나아가야 한다. 이제 해마다 학교에서 장래희망을 숙제로 요구할 때도 사실적으로 써 내도록 했으면 좋겠다.

다음 장에 현장에서 꿈꾸는 학생이 어떻게 자기의 꿈을 이뤘는지 사례를 들었다. 꿈이 현실로 가는 과정은 많은 학부형들에게 도움이 될 것이다.

 ⟨사례⟩**Global Leader**

우리 아이 글로벌 리더로 키우기

서울예술대학 교양학부 백형찬 교수는 ‘원칙을 제대로 세우지 못하면 글로벌 리더를 키울 수 없다’면서 글로벌 리더가 되기 위한 학생과 학부모의 9가지 원칙을 조언했다.

01. 세상을 넓게 바라보자

학력위주의 경쟁 사회 속에 세상을 좁게 바라보는 학생들이 많다. 상당수 학생들이 큰 꿈을 갖는 게 아니라 ‘나만 잘되면 되지,’ 반에서 1등을 해야 하는데’ 등 좁은 목표만 설정하고 여기에만 매달린다.

천로역정의 부모들

02. 꿈을 구체적으로 꾸자

청소년들에게 꿈이 무엇이냐고 물으면 그저 생각나는 대로 대답하는 학생들이 많다. 평소 장래 목표를 구체적으로 생각하지 않았기 때문이다. "이민 변호사가 돼 이민자들을 돕고 싶어요."처럼 장차 되고 싶은 목표를 정하고, 왜 그런 꿈을 가지게 됐는지, 어떤 일을 하고 싶은지 등 구체적인 계획을 세워야 한다.

03. 자신을 건강하게 만들자

글로벌 리더는 자신의 꿈에 대한 확신과 현재 모습에 강한 믿음을 가져야 한다. 자신의 모습을 거울에 비췄을 때 건강한 모습으로 나타나야 한다.

건강한 모습이란 신체적인 건강뿐 아니라 정신적인 건강도 포함하는 것이다. 몸과 마음이 모두 건강할 때 자신감 있고 긍정적인 모습을 가질 수 있다.

04. 알맞은 환경을 꾸며주자

'맹모삼천지교'처럼 알맞은 환경에서 제대로 된 교육이 이뤄질 수 있다. 라듐을 발견한 마리 퀴리는 어린 시절 실험도구가 가득 찬 물리교사인 아버지의 서재에서 실험도구를 구경하며 놀았다. 노벨 역시 아버지의 연구실이 발명가로서 꿈을 심어주는 계기가 됐다. 즉 제대로 된 교육을 위해서는 제대로 된 환경을 조성해 줘야 한다.

05. 좋아하는 일을 마음껏 하자

평생을 좋아하는 일을 하며 산다면 얼마나 행복할까? 글로벌 리더에서 중요한 것은 '무엇이 되고 싶다'보다 '무엇을 하고 싶다'는 꿈을 키우자.

06. 커뮤니케이션 능력 키우자

영어 등 국제적인 의사소통 능력은 언어적 소통뿐 아니라 국제적으로 인맥을 구축하는 데 기본적이며 필수적인 능력이다. 침묵은 곧 패배를 의미한다.

07. 자신에게 엄격하자

글로벌 리더들의 공통점은 자기 자신에게 매우 엄격하다는 것이다. 남에게는 관대하게 대하면서 자신에게는 조금도 용서를 허락하지 말아야 한다.

08. 고집 있는 아이로 키우자

글로벌 리더는 고집이 있어야 한다.

09. 글로벌 매너를 갖추자

국제사회에서 외국어만 잘 한다고 해서 모든 것이 해결되지 않는다. 다른 문화에 대한 따뜻한 배려를 갖고, 다른 문화를 가진 외국인과 올바른 커뮤니케이션을 할 때 글로벌 리더가 될 수 있다. 국제적인 매너는 하루 아침에 갖춰지지 않는다. 어린 시절부터 질서 지키기, 남에게 폐 안 끼치기 등 매너를 습관처럼 몸에 익혀야 한다.

천로역정의 부모들

가장 한국적이면서도 세계적인 다음의 요소들을 배우고 보완하고 익히자.

01. 우리 아이들의 인격 속에 정직, 의리, 자제력, 진실함, 인내, 친절을 함양시키자.

02. 한국문화의 정신적 DNA 즉, 역동, 끈기, 예의, 해학, 곰삭음, 흥, 어울림, 정, 자연스러움, 공동체문화를 심자.

03. 우리 문화를 깊이 이해하고 소중히 여기며 자긍심을 갖는다.(특히 유네스코에 등재된 유형 무형자연유산 등)

04. 다문화사회에 필요한 열린 사고와 소통능력은 기본이다.

05. 자녀의 꿈과 비전이 세계를 향해서 꿈을 펼칠 수 있도록 한다.(방학을 이용한 해외켐프)

06. 글로벌 지식정보화사회의 소통의 도구인 영어, 중국어, 스페인어는 물론 인터넷과 컴퓨터 능력에 숙달하자.

07. 세상을 움직이는 것은 창조적 소수란 사실을 명심하고 자기 것을 융합하는 창의력을 갖자.

08. 글로벌세상의 공통 DNA인 섬김과 봉사, 나눔과 협동을 생활 속에서 실천한다.

IMG의 설립자 마크 매코맥은 '하버드 경영대학원에서 가르쳐 주지 않은 것들'이란 책에서 1979년 하버드경영대학에서 명확한 목표를 글로 쓴 그룹과 그렇지 않은 그룹을 비교한 결과가 흥미롭다. 대학원생중에 목표를 기록한 그룹은 단 3% 뿐이었다. 훗날 추적 조사한 결과 3%의 기록한 그룹이 기록하지 않은 97%의 그룹에 비해 10배의 수입을 올리고 있었다. 이런 점에서 우리 아이들은 자기 목표를 일찍이 그리고 구체적으로 적어야하는 필요성이 제기된다.

천로역정의 부모들

예체능 교육과 인성계발
그리고 우뇌형 인간

道에 뜻을 두고 德을 바탕으로 하여,
仁에 의지하고 藝術의 세계에 노닐었다. – 공자

이 백성은 내가 나를 위하여 지었나니
나의 찬송을 부르게 하려 함이니라
(사43장21절)

독일의 프랑크푸르트 대학 교육학과가 1992년부터 1998년까지 베를린의 초등학교 학생들을 대상으로 음악 교육이 인성에 미치는 효과를 장기 추적하여 조사한 결과 음악 교육을 받은 아이들이 **사회성은 물론 지능 지수도 뚜렷하게 향상** 되었다는 것을 확인했다.

영국의 과학 전문지 '뉴 사이언티스트(New Scientist)'에서는

과학자들의 연구 결과를 모아 '뇌 발
달의 비결 11가지'를 소개했는데,
그 중에서 '모차르트 음악을 들은 사
람이 수학적, 공간적 추론 능력이 뛰
어나다'라는 미국 위스콘신 대학 라
우처 교수의 연구결과가 눈길을 끌
었다. 그 유명한 예가 바로 ADHD

창의력의 천재화가
피카소의 염소

를 앓았던 아인슈타인의 음악치료가 유명하다.

그러나 현실적으로 많은 부모들은 아이가 고학년이 되면
학습에 부담을 느끼기 때문에 하던 예능교육마저 중단하려
고 한다. 대부분 뚜렷한 목표의식이 없거나 부모가 잘 모르
고 시킨 경우에는 지금껏 공들여 왔던 시간과 노력이 허사가
되고 만다.

피아노를 아주 어릴 때 시작한 경우나, 1~2학년 또는
3~4학년처럼 늦게 시작한 경우의 교육목표가 다르다. 이것
을 생각하지 않고 무조건 잘 치는 아이의 수준을 목표로 삼
는다면 아이나 부모 모두 힘든 길을 갈 수 밖에 없다.

그리고 똑같이 피아노를 배워도 공부하듯이 치는 피아노
는 실패하지만 '느끼는' 피아노는 성공한다. 그래서 예체능
교육은 자발성의 원리가 요구되며 제대로 알고 시켜야 한다.

학교폭력과 집단따돌림, 성적비관 자살 등 병리현상이 불거질때 마다 전인교육을 강조한다. 전인교육의 중심에 예체능계 교육이 자리 잡고 있지만 말로만 전인교육이지 현장분위기는 학력신장이 주도한다. 그럴 때마다 요구되는 것이 예체능 강화교육이다. 최근 들어 각 학교마다 체육전담교사를 배치하자는 정부의 정책 역시 같은 맥락에서 시도된 것이다. 그러나 예체능 교육은 단순히 학교폭력을 잠재우는 효과뿐 아니라 그보다 훨씬 크고 광범위한 중요성을 내포하고 있음을 알아야겠다.

초등학교 교육과정은 전 교과가 꼭 필요한 공부다. 그 중 예체능과목의 특징적 부분에 대한 필요성을 말하자면, 우리의 두뇌는 좌뇌·우뇌로 나뉘어져 있고 이 두 뇌는 뇌량이라는 다리로 서로 교신을 주고받는다. 그리고 음악, 미술은 직관의 뇌인 우뇌의 영향 아래 있다. 나머지 과목은 모두 좌뇌의 영역이 되겠다.

즉 우뇌의 발달을 위해서는 음악, 미술 교육은 필수다. 장차 우뇌는 창의적 활동에 있어서 매우 중요한 역할을 하게 되며 또한 우뇌의 적극적 활동은 좌뇌의 급하고 여유 없는 이성 활동에 제동을 걸어 안정을 가져다주는 효과를 발휘한

다. (음악을 듣거나 미술작품을 감상할 때의 느낌을 기억해 볼 것)

음악, 미술이 인간에게 필요한 이유 중 하나는 아동의 두 뇌가 폭발적으로 성장하는 시기라는 점에서 그 중요성이 더욱 높다 하겠다. 만약 아이들이 초등에서 음악, 미술을 배우지 않았다고 가정해보자. 그들이 중학교에서 새롭게 배우게 된 예능과목(음악, 미술)을 접하자마자 느끼는 감정은 '낯설다'일 것이다. 이들이 뒤늦게 이들 '낯선' 과목에 대해서 관심을 가지고 그 직업군에 뛰어들만한 용기를 가지기는 결코 쉬운 일이 아닐 것이다. 더구나 음악, 미술에 대한 낯선 편견은 성인이 되어서도 문화와 예술을 사랑하는 성숙한 문화시민으로 성장하는데 큰 걸림돌이 될 것이다.

예능교육의 결정적 시기는 언제인가

사람의 능력은 '유전적' 요인에 비해 '환경적' 요인에 훨씬 더 큰 영향을 받기가 쉽다. 즉 위의 예에서 아동들이 아무리 유전적으로 예능에 뛰어난 자질을 가지고 태어났다고 하더라도 결정적 시기에 그 능력을 배양해주지 않는다면 뇌가 이미 굳어지는 시기에는 아무리 좋은 환경을 제공한다 하더라

천로역정의 부모들

도 그 효과를 보기는 힘들어지게 된다.

음악은 환경에 더 영향을 받는다는 의견은 다소 일리 있는 것도 있고 전혀 그렇지 않은 것도 있는데 그 이유는 각자 처해 있는 위치나 상황에 따라 다르기 때문이다. 어떤 방면에 성공한 사람의 상당수는 그의 여건. 즉, 환경적인 외부여건보다 내부의 여건인 자신감, 소질, 능력이 더 중요하다고 한다. 음악에 대한 편견, 고정관념을 학부모가 먼저 지울 때 아이들의 가능성은 꽃을 피울 수 있을 것이다. 마치 라이너 마리아 릴케가 '문학하는 청년에게' 하는 말에서 "네 자신이 쓰지 않으면 못 배길 그런 내심의 요구가 있다면 너는 그 요구에 의해 네 생의 필연성을 건설하라."라고 말한 것처럼 말이다. 이는 예체능분야에서 대성한 분들의 일반적 특성이기도 하다.

아이가 릴케의 문학을 지원하는 청년처럼 그런 진정성이나 소질, 흥미, 열망이 있다면 아이가 원하는 그 길로 가도록 독려해야 할 것이다. 그 길이 그 아이에게 주신 하나님의 달란트이기 때문이며 진정한 자기 앞의 생이 될 수 있기 때문이다.

01. 예체능교육은 학습에 어떤 영향을 줄까.

학교에서 배우는 대부분의 과목들은 논리적인 이해와 사고를 필요로 한다.(소위 좌뇌 관련학습) 또 많은 양을 암기하도록 되어 있지만 때로는 직관적이고 감각적으로 받아들이게 되는 것도 있다.

예능교육의 진가는 바로 여기에서 발휘된다. 시의 운율을 공부할 때라든지 영어의 억양과 악센트를 익힐 때에는 음악적 감성이 한 몫을 한다. 유, 초등 영어의 경우 첸트나 송을 이용한 언어습득의 효과가 크다. 특히 그림을 많이 그려본 아이들은 일기를 쓸 때에도 표현이 자유롭다. 그림을 통하여 이야기들을 함축하고 묘사하는 활동을 많이 해 보았기 때문에 그것을 글로 풀어 놓은 것은 너무나 자연스럽고 쉬운 것이다. 그림과 무관할 것 같은 국어 교과서에서도 그림과 관련된 학습활동이 계속 나온다. 1~6학년 국어 교과서를 펴 보면 각 페이지마다 그림이 반 이상 차지하고 있다. 글을 쓰기 이전에 그림을 보고 내용을 생각해 보라는 것이다.

그리고 다음에 이어질 내용을 그림으로 그려 보는 것에 이르기까지 '언어'와 '이미지'의 상호작용은 계속된다. 언어로 표현할 수 없는 영역, 더 창의적인 영역으로의 확장을 위해 미술적 감성은 꼭 필요한 것이기 때문이다. 예능교육이 학습에 미치는 영향에 대한 연구결과가 위와 같은 사실을 좀 더 설득력 있게 한다.

02. 창의적인 생각은 다양한 경험에서 나온다.

다른 사람의 그림을 감상하면 모방을 통한 창작의 영역으로 점점 그림의 세계가 넓어진다. 창의적인 생각 꺼내기를 잘하면 공부가 쉬워진다. 공부가 언어의 바다를 항해하는 것이라면 예술은 빛과 소리의 아름다움을 찾아 떠나는 여행이다. 목적지에 꼭 도달하지 않아도 여행이 즐거운 것처럼 예술은 그 자체로 즐거움을 준다. 그래서 예술 교육의 목표는 남보다 잘하는 것이 아니라 자기 안에 있는 예술혼을 깨워서 행복을 추구하는 것이다. 이것이 우리 아이들이 꿈을 이룰 때까지 지치지 않고 달려 나갈 수 있는 힘이 된다. 이는 (2010.2.1. 최보식(조선)인터뷰 기사)의 요약이다.

03. 예체능아이의 성격적요인

얼마 전 예술의 전당에서 피카소 전시회에 간적이 있었다. 입구에 이런 글이 붙여져 있었다. **"나는 이렇게 그리기 위해서 50년이라는 세월을 허비(연습)했다."**

예술의 세계는 그 어느곳 보다도 피나는 연습끝에 이루어지는 세계이므로 진득한 **인내심**이 요구된다고 보면 틀림없을 것 같다.

다음은 미술, 음악, 체육 가운데에서 지면상 미술에 대한 사례를 살펴본다.

미술교과는 손^(재능)과 머리^(두뇌)와 마음^(감정)이 조화를 이루는 것이다.

훌륭한 그림은 훌륭한 요리와 같아서
맛볼 수는 있어도 설명할 수는 없다. – 블라멩크

시 뒤에는 시인의 혼이 있고
캔버스 뒤에는 화가의 맥박이 뛰고 있다. – CH 타운

화가 고흐는 매우 인정이 많고 따뜻한 아버지와 친절하고 상냥한 어머니 밑에서 귀여움을 받으면서 행복하게 자랐으며 다른 아이들과는 남다른 데가 있었다. 경쟁심이 강하고 자기가 생각하거나 느낀 점을 소중히 하면서 사람들의 말은 잘 듣지 않았다. 고흐가 8살 때였다. 동네 아이들과 놀다가 저녁 해가 질 무렵 하늘이 새빨갛

하늘은 빨간색이야
– 고흐

게 노을이 졌다. "야, 핏빛처럼 빨갛구나." 아이들이 외치자 이를 지켜보고 있던 고흐는 "아니야, 빨갛지 않아. 저건 노란 빛깔이야!"라고 말하였다. 이 때문에 한참 아이들과 시비를 했다. 그 광경을 보고 있던 아버지는 빙그레 웃음을 띠고 어머니에게 말했다.

천로역정의 부모들

"저 애가 다른 아이들이 느끼지 못한 것을 느끼고 있는 것 같거든. 색에 대해 특별한 재능을 타고 난거야. 그런 재능을 키워 가면 훌륭한 화가가 될 수 있어."

고흐는 장난이 너무 심하여 학교 교육도 제대로 받지 못하고 가정교사에 의하여 공부하였으며 온갖 고난과 역경을 이겨 가면서 자기의 삶을 좀 더 보람차고 아름답게 창조하며 불타는 생명을 그림으로 나타내는 위대한 화가가 되었다. 고흐는 어린시절 부모님의 정신적 지지를 받아 화가의 꿈을 꾸었고 그 길로 가 오늘 우리 앞에 우뚝 서 있는 것이다. 그러나 불행하게도 그가 살던 시대에 그의 천재적 창의력은 빛을 보지 못하고 사후에 예술 비평가들에 의하여 걸작으로 평가되었다.

황소그림으로 유명한 이중섭은 물감과 스케치북조차 없었던 소년기에 그는 연필로 못으로 어디에든 그렸다. **"나는 물감과 붓이 없으니 연필이나 못과 송곳으로 그렸고, 먹을 곳과 잘 곳이 없어서 그렸고, 외로워도 슬퍼도 그렸고, 부산 서귀포 통영 진주 대구 서울 등을 떠돌아다니면서 그렸다."**

그를 아는 지인은 또 이렇게 말한다. "그는 판잣집 골방에 시루속 콩나물처럼 끼어서도 그림을 그렸고, 부두에서 날품을 팔다가 쉬는 참에도 그렸고, 다방 한구석에 웅크리고 앉아서도 그렸고, 대폿집 목로판에서도 그렸고, 캔버스나 스케치북이 없으니 합판이나 종이 답뱃갑 은박지에도 그렸고…." 요절한 천재화가 이중섭이 얼마나 그림에 대한 몰입을 했는지 적나라하게 표현 해준 글이다.

예술가가 '자기 일에 얼마나 집중 하느냐?'에는 자기 내적 동기가 필수적이다. 고흐가 부모의 지지를 받은 화가라면 이중섭은 스스로 하고 싶어서 그림에 미친 경우라고 본다. 이런 동기가 있는 사람은 예술세계에 큰 업적을 이룩할 것이다.

기술이 고도로 발달한 현대사회에서 기술자체가 성장의 원동력이다.

하지만 기술이 발달하려면 무엇보다도 창의력이 필요하다. 창의력과 혁신적사고가 예술적 교육을 통해서 자란다. 그림을 잘 그리는 교육을 가르치는 것은 좋은 교육이 아니다. 진정한 창의력은 학습자의 몸 다시 말해서 오감을 체험하는 예술교육을 통해서 자라난다. 그렇기 위해서 부모가 미리 정답을 생각하지 말고 '이 그림이 어떻게 보이는냐? 왜 그렇게 생각하는냐'부터 물어본 후 아이의 대답을 경청하는 것이 미술교육의 시작이다. 미술교육을 위해서 부모가 억지로 자녀를 끌고 다니는 것보다 아이가 보고자 원할 때 가는 것이 효과가 극대화 된다는 점도 미술교육의 팁이 될 것이다.

— 2012. 11. 12. 조선 〈맛있는 공부〉 참고

  천로역정의 부모들

엄마들이 알아두면 좋은 미술 교육법

01. 집 더러워지면 치우면 되죠.

결벽증 있는 엄마들은 작은 스케치북과 크레파스만 달랑 주고 상상화를 그리라 하지요. 통 크게 방 하나, 부스 하나를 마련해주고 마음껏 공간을 활용할 수 있도록 해주세요.

02. 완성된 장난감보다는 자재를 집 안 곳곳에 숨겨둬요.

나무블록·종이·찰흙 등 주변에서 쉽게 구할 수 있는 다양한 색감과 질감을 가진 도구들을 줘 보세요. 아이가 스스로 맞춰보고 쌓아볼 수 있도록 조작법 정도만 알려주면 되지요.

03. 그림 동화책을 보지만 말고 만들어 보세요.

그림책을 보며 대화를 하든지, 하루 일과를 얘기하면서 그 일을 자연스럽게 시각적으로 표현하도록 유도해 보세요. 그 그림을 가지고 그림책을 만들 수도 있답니다.

04. '놀토'에 간 미술관, 놀이터처럼 이용하세요.

부모와 미술관에서 대화할 수 있는 기회가 많으면 좋아요. 그림, 제목, 작가를 지식으로 아는 것은 중요하지 않아요. "무슨 색깔이 마음에 드니?"처럼 직관적이고 감각적인 것을 주제로 대화해 보세요.

05. 아이들의 관찰에서 소재를 찾으세요.

아이가 이상한 거, 재밌는 거 몇 개라도 발견했다면 놓치지 말고 대화로 유도하세요. 특이한 사람을 봤다고 하면 "옷은 어떤 무늬였니?", "우스꽝스러운 동작을 그려볼까?"해 보세요. 관찰과 기억을 중심으로 아이들의 흥미와 관심이 유도됩니다.

06. 통제와 비난은 금물

"너는 선을 왜 삐뚤빼뚤 그리니?", "사람을 왜 만날 똑같이 그리니?"라는 말은 하지 마세요. 대신 잘 하는 것을 칭찬해 주세요.

07. 결과물보다 과정을 중요하게 생각하세요.

아이들이 그린 작품사진을 찍어 보관하세요. 한 달에 걸쳐서 조금씩 완성되는 모습들을 컴퓨터 파일로 만들어 시간 순으로 배열해 보세요.(상급학교 입학 시 전형자료가 된다.)

이런 식의 미술가의 꿈은 위험하다.

저학년의 경우 미술학원에서 지도를 받으면 대부분 미술대회에서 상을 받을 수 있기 때문에 특히 저학년에서의 한두 번의 대회 우승만으로 아이의 장래를 결정하는 것은 매우 경솔해 보인다.

   천로역정의 부모들

용기와 인내, 시련, 담대함, 감투정신이 사라진 나약해 빠진 아이들

Success, remember is the reward of toil.
성공이란 고통의 보답임을 기억하라 – 소포클레스 〈엘렉트라〉

내가 네게 명한 것이 아니냐 마음을 강하고 담대히 하라
두려워 말며 놀라지 말라 네가 어디로 가든지
네 하나님 여호와가 너와 함께 하느니라
(여호수아 1장9절)

:: 칭기스 칸

집안이 나쁘다고 탓하지 말라.

나는 아홉 살 때 아버지를 잃고 마을에서 쫓겨났다.

가난하다고 말하지 말라.

나는 들쥐를 잡아먹으며 연명했고,
목숨을 건 전쟁이 내 직업이고 내 일이었다.

작은 나라에서 태어났다고 말하지 말라.
그림자 말고는 친구도 없고 병사로만 10만.
백성은 어린애, 노인까지 합쳐 2백만도 되지 않았다.

배운 게 없다고 힘이 없다고 탓하지 말라.
나는 내 이름도 쓸 줄 몰랐으나 남의 말에 귀 기울이면서
현명해지는 법을 배웠다.

너무 막막하다고, 그래서 포기해야겠다고 말하지 말라.
나는 목에 칼을 쓰고도 탈출했고,
뺨에 화살을 맞고 죽었다 살아나기도 했다.
적은 밖에 있는 것이 아니라 내 안에 있었다.
나는 내게 거추장스러운 것은 깡그리 쓸어 버렸다.
나를 극복하는 그 순간 나는 칭기스 칸이 되었다.

- 칭기스 칸

우리 아이들이 칭기스 칸 시의 정신을 십분의 일이라도
배울 수 있다면 부모들의 고민은 사라질 것이다. 이제껏 보

　　　　　　　　천로역정의 부모들

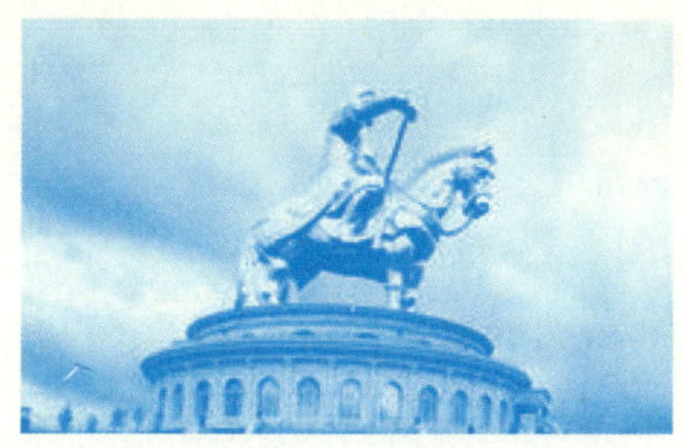
"적은 내안에 있다." 징기스 칸의 동상

아 온 모든 글 중에서 강하고 담대하라는 부분에서 첫째가는 글을 들라면 단연 이 시를 추천하고 싶을 정도로 기억에 남는 훌륭한 글이다.

널 괴롭혔다면 맞받아쳐 
힐러리 국무장관의 어머니의 경우

1951년 미 일리노이주 파크릿지 주택가. 당시 네 살이었던 힐러리 로댐이 앞집 여자아이에게 맞았다고 울면서 돌아왔다. 이 일은 새 집으로 이사 온 후 벌써 2번째 였다. 그러나 힐러리 어머니 도로시 로댐은 오히려 우는 딸의 등을 떠밀었다. **"힐러리 네가 두려워하지 않는다는 사실을 보여 줘야한다, 누군가 다시 너를 괴롭힌다면 맞받아쳐."**

힐러리는 복수를 하겠다며 집을 나섰다. 잠시 후 어머니는 통쾌하게 맞펀치를 날리며 의기양양하게 돌아오는 힐러리를 커튼 뒤에서 볼 수 있었다. 미국역사상 가장 힘 있는 여성정치인의 어머니 도로시 로댐여사의 장래식에서 나온 뉴욕타임즈 기사다.

로댐여사가 8살 때 부모가 이혼한 바람에 조부모 밑에 살다가 14살에 독립 하고자 집을 나와 남의 집 유모를 하며 주당 3달러를 받으며 고등학교까지 자수성가로 마치며 아이들을 위해서 명문 웨즐리대를 보낼 정도로 교육열이 높은 어머니였다고 한다.

마가렛 대처여사, 철의 여인이라고도 부르는 대처는 가난한 구멍가게 셋째 딸이었다고 한다. 그러나 그의 아버지는 딸의 기가 꺾이지 않기 위해서 "여자도 할 수 있어."라고 늘 귀에 못이 박히게 말했다고 한다. 아버지의 말 한마디 칭찬이 오늘날 세계 최고 여성정치 지도자를 만든 원동력이 되었다. 이것이 바로 칭찬의 힘이 아닐까

아이들은 이렇게 심약하게 되었을까?

과거 부모시대에 비해서 우리 자녀들이 심약해 진 건 너무나도 당연하다. 환경 탓도 있지만 그 일부는 순전히 부모의 과오로 인해서 벌어진 것이다.

 천로역정의 부모들

첫째, **핵가족**이 주요원인이다.

과거에 비해 자녀수가 한 둘에 불과하니 금지옥엽이란 말이 딱 어울린다.

둘째, 물질의 **풍요**에서 온다.

수업 후 청소를 하면 가져가지 않은 학용품은 물론 시계 같은 고가의 물건도 찾아갈 줄 모른다.

셋째, 온실 속에 화초처럼 기르는 **양육방식**이 문제다.

감기라도 들면 온 가족이 초비상이다. 자기 부모가 암에 걸려도 그렇게 호들갑을 떨지 않을 것이다. 밥이라도 한 끼 안 먹고 학교에 가면 당장 조퇴하기 위해서 부모가 나타난다.

넷째. 부모의 **모델상실**이다.

'내가 다해줄 게, 넌 그냥 가만히 있어'라는 노래 가사처럼 말이다. 심지어 숙제까지 다 해주니 가정의 제왕처럼 기세등등 해지는 것이다. 그러니 아이 맘에 가치관의 혼란이 생기고 부모를 자신의 수족 부리듯 하는 것이다.

초등아이 강하고 담대하게 키우기, 어렵지 않아요.

01. **준비물, 과제물** 힘들여 완성해 가는 습관을 갖도록 할 것.

02. **학교에서 짝꿍이나 친구와 불화 또는 싸움** 가급적 스스로 해결하도록 할 것.

03. **학교길, 눈·비 올 때 승용차로 편하게 등교하는 것 재고를.**
    아침 등교 후에 일기 등 내용도 이때 생각날 수도 있고 친구와 사귈 수 있는 기회가 됨.

04. **어려서부터 부모와 함께 체험학습,** 자주 함께해서 감투정신을 키울 것.

05. 부모님의 삶의 체험에서 우러나오는 이야기로 모델링 효과를 내자.

06. **바닥난 용돈 : 돈의 소중함을 가르칠 수 있는 유일한 기회**

07. **약속을 어긴 경우 : 사회봉사를 선생님께 요구하라.**

08. **반장, 회장, 모듬장, 부장 선거에 도전 그리고 낙방을 맛보라.**

09. **한국인이라면 "해보긴 해봤어" 정주영회장의 가훈**
    정주영 회장의 어린 시절을 모르는 사람이 없을 것이다. 이 땅에 그토록 정신력이 강하고 용기와 배짱이 있는 사람이 또 있을까? 그는 어린 시절부터 '시골에 있어서는 도저히 안 되겠다'라고 생각해 아버지가 소 판 돈을 몰래 훔쳐 서울로 무작정 상경, 혈혈단신으로 오늘의 한국 최고 현대그룹의 모태를 낳게 했다. 그의 학력은 초등학교 졸업이 끝이다. 외국에 담보물도 없이 찾아가 엄청난 차관을 얻어온 배짱은 상상을 초월한다. 그의 모든 업적은 불가능한 것에서 가능한 것으로 바꾼 기업가의 개척정신인 것이다.

10. **어미독수리처럼 아이를 강하게 훈련해야 한다.**

부모가 자식을 정말 사랑한다면 때로는 어미 독수리처럼 아이를 강하게 훈련해야 한다.

가끔씩 군에서 탈영하는 병사들이 있다. 상사들의 기합과 비인간적인 대우에 격분한 나머지 견딜 수 없어 소총을 휴대하고 탈영하다 도중에 대부분 자살이란 방법을 선택한다. 해마다 10여만 명이 군 입대를 한다. 힘든 것은 구만 구천 구백 구십 구명 모두가 힘들다. 어떤 친구는 군 생활이 천국이라고 하고 어떤 친구는 지옥이라고 한다. 사회에서 힘들게 생활한 사람은 대체로 군 생활이 그렇게 편할 수가 없다고 한다. 개인의 주관에 따라 다르기는 하지만 그의 가정에서 어떻게 양육되었는지 여부가 아닐까?

11. **노는 법을 가르치면 지는 방법도 배운다.**

12. **연필 하나도 제대로 깎지 못하는 아이가 고난을 이겨낼까?**

13. **학교에서 단체로 하는 각종 소년단에 가입**으로 감투정신을 배울 수 있다.

14. **강인함과 유연성의 조화**

강인함이 좋은 품성이지만 모든 것이 강인하기만 해서는 이 사회에 나가서 전혀 쓸모없는 인간이 될 수도 있다. 자신에게는 엄격하지만 타인에게는 물과 같이 한없이 유연한 성품이 된다면 금상첨화가 아닐까? **강함과 약함, 용서와 사랑, 긍휼과 자비, 정의와 화평, 정직과 도덕**처럼 조화를 이루는 아이가 되기 위해서 쉼 없는 기도가 뒤따라야 하지 않을까?

자녀가 사랑스럽고 귀여울수록 강하게 담대하게 키워야 하는데 사실 그게 말처럼 쉽지가 않다. 이론은 알고 있으나 실천이 어렵다. 자식을 나의 소유물 혹은 내 속으로 난 자식이란 생각 때문에 그렇다. 한석봉의 어머니나 김유신 장군의 어머니, 맹자의 어머니의 경우 그냥 자식의 뜻을 따라갔다면 오늘날 그들 모자는 역사에 묻혀버렸을 것이다.

자기자식을 객관적으로 바라보는 눈 즉, 이 아이는 내게 준 하나님이 이 세상에 하나 밖에 없는 귀한 선물이며 그러하기에 이 자식은 하나님 보시기에 참으로 바르고 선하게 키워 내야겠다는 소명감으로 아이를 바라 볼 때 냉정한 마음이 들고 객관적으로 보며 그때야 비로소 바로잡을 수 있을 것이다.

끌려가는 사랑으로 했다가는 자식의 장래도 부모의 바램도 모두 송두리째 상실해 버릴 것이다. 오늘도 우리에게 수많은 교육실패의 역사가 그걸 증명해 보여주고 있다.

인성교육, 가장 중요하지만 가장 홀대받는 교육

The measure of a man's character is not what
he gets from his ancestors,
but what he leaves his descendants.
인격의 척도는 부모에게서 받은 유산이 아니라
자손에게 남기는 것이다. - anon

자녀들아 너희 부모를 주안에서 순종하라 이것이 옳으니라
네 아버지와 어머니를 공경하라 이것이 약속 있는 첫 계명이니
이는 네가 잘되고 땅에서 장수하리라
(엡6장1~3)

인성교육은 인간을 인간답게 만들며 고귀하게 만드는 피나는 과정으로 이런 과정이 없이 학교교육은 기대할 수가 없다. 인성교육항목을 보면 너무 많아서 정신이 어지러울 정도인것은 그만큼 참된 인간이 되기가 어렵다는 말이기도 하다.

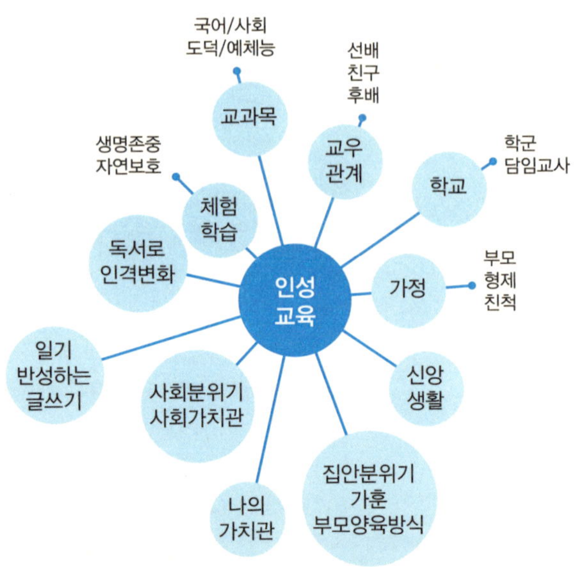

★ 250만 초등 학부모들이 학교에 보내는 질문

"최근 매스미디어를 보면 청소년 문제가 보통 심각한 수준이 아닌 것 같아요. 흡연, 마약, 음주, 왕따, 학교폭력 등이 도를 넘어 위기가 아닌가 생각해요. 우리 아이도 그 전에는 안 그랬는데 5학년이 되고 나서 친구들에게 왕따를 당하거나 반대로 친구를 괴롭혔다는 이야기를 가끔 할 때마다 학교는 도대체 인성교육을 어떻게 하는지 몹시 궁금해요. 물론 인성교육은 학교와 가정 쌍방이 힘을 합해서 해야 되지만 요즈음 대부분 부모가 한 두 자녀만 갖기 때문에 자녀 교육의 중심에 서지 못하고 더구나 맞벌이 등으로 저녁에만 잠깐 보기 때문에 잔소리하기도 미안

　　　　　천로역정의 부모들

하고….”

　“학교가 보다 강력하게 아이들의 인성교육을 해주었으면 하는데 학교가 학부모의 이런 기대에 전혀 부응해 주지 못하는 것 같아요.”, “초등학교의 인성교육에 관한 내용이나 방침 등이 있으면 학교 교육을 이해하는데 큰 도움이 될 것 같아요.” 등은 학교 현장에서 가장 많이 질문 받는 내용의 글이다.

초등교육이 지향하는 5가지 인간상 

01. 전인적 성장의 기반 위에 개성을 추구하는 사람 : 개성인
02. 기초능력을 토대로 창의적인 능력을 발휘하는 사람 : 창조인
03. 폭 넓은 교양을 바탕으로 진로를 개척하는 사람 : 개척자
04. 우리 문화에 대한 이해의 토대 위에 새로운 가치를 창조하는 사람 : 가치창조자
05. 민주 시민의식을 기초를 공동체 발전에 공헌하는 사람 : 협동인

　이와 같은 초등학생의 교육이념과 추구하는 인간상, 구체적 교육목표를 달성하기 위하여 학부형의 구체적인 자녀교

육을 살펴보면 기본 생활 습관을 형성하며 성장의 여러 측면을 풍부하게 하는 전인교육이다. 즉 초등학교 교육은 원만하고 행복한 생활을 영위하는데 있어서 필요한 기초적, 기본적 자질을 형성하는 교육이며 기초적 자질은 전인적 성장을 위한 지적, 정의적, 신체적 3대 영역의 조화로운 발달과 올바른 태도의 습득을 의미한다. 제반 발달 영역에 걸쳐 왕성한 성장과 발달을 함으로 전인적 성장을 위한 기초적 자질을 형성시키기 위해서는 학생 성장의 여러 면을 고루 키워 주는 일이 필요하다.

이런 모든 내용을 전 교과와 특별활동, 재량활동 속에서 아동에게 직·간접적으로 스며들게 하는 게 인성 교육 내용이다.

가정에서 손쉽게 할 수 있는
인성교육 방법들

01. 운동으로 인성교육하기

운동은 아동의 본질적 욕구인 움직임욕구를 발산하는 것으로 모든 살아있는 생물에 신비스럽게도 다 적용된다. 예를 들면 개목걸이를 한 개보다는 목줄 없이 돌아다니는 개는 짓거나 물지 않는다.

천로역정의 부모들

'2013년 6월. 정부는 모든 초등학교에 점차적으로 체육전담교사를 배치한다'고 하는 이유도 최근 들어 발생되는 학교폭력을 체육활동을 통해서 해소 하겠다는 의도다.

02. 음악으로 인성교육하기

음악을 듣거나 노래를 부르는 것도 인성교육에 크게 도움이 되는 것으로 증명된바 있다. 교도소 수감자들을 합창단을 조직하여 훈련시킨 결과 모범수로 변화되는 비율이 훨씬 높았다고 한다. 음악에 들어있는 어떤 요소들이 그들의 감성을 부드럽게 순화시켰을 것이다.

03. 독서로 인성교육하기

대부분 양질의 독서를 한 아이들은 하지 않은 아이에 비해 정서가 원만하고 안정적 상태에 있다. 실제로 학교에서 독서를 많이 한 친구들은 학업성적뿐 아니라 인성 전반에 걸쳐서 타의 모범이 되고 있는 것이 사실이다.

04. 신앙생활로 인성교육하기

신앙생활은 인간이 지켜야할 것과 하지 말아야할 것을 끊임없이 반복적으로 이야기한다. 그리고 어떤 행동을 하는 것이 하나님으로부터 복을 받고, 그 반대의 행동을 하는 경우 벌을 받는다는 사실을 반복적으로 학습한다. 자기 자신의 죄에 대해서 민감해지고 죄를 지었을 때 어떻게 해야 벗어난다는 것을 듣게 된다. 가장 확실한

인성교육은 신앙생활이며 그것도 젖먹이시절부터 시작한다면 그
들은 죄 된 상황에서 어떠한 유혹에도 흔들리지 않을 것이다.

05. 일기쓰기, 동시짓기, 글쓰기로 인성교육하기

일기쓰기는 저학년 때는 우리말 익히기(철자위주 문장위주)를 위하여
시작하지만 차츰 자기반성적인 인성교육이 된다. 즉 처음에는 나
열식이지만 차츰 희로애락의 정서를 표현하도록 한다. 매일의 반
성시간이 될 수 있고 고학년이 되면 논술의 기초가 된다. 자기생각
을 질서정연하게 표현할 수 있는 고도의 정신작업에까지 이르므로
처음에는 한두 줄로 시작, 차츰 넓혀 간다면 양질의 인성교육의 도
구가 될 것이다.

06. 애완동물 기르기로 / 꽃과 채소 기르기로 인성교육하기

 아이들은 생명이 없는 딱딱한 장난감보다 움직이는 장난감을, 움
직이는 장난감보다는 살아서 꿈틀대는 동물에 대해서 호기심과 애
착이 강하다. 동물이나 식물 꽃 같은 것에 대해서 그것이 생명을 갖
고 있음을 본능적으로 알고 있다. 아름다운 자연환경, 애완동물,
새, 물고기, 햄스터 등은 생명의 소중함과 생명의 가치를 알게 한
다. 침팬지를 어려서 키운 경험이 세계적인 침팬지 박사가 되게 한
제인구달 역시 어린시절의 경험으로부터 나왔다.

07. 소꿉놀이로 인성교육하기

초등 2~3까지 소꿉놀이는 아이들에게 세상을 살아가는 작은 세계

를 그들 나름대로 만들어가며 서로 양보하고 협동하면서 좋은 인성을 배양하는 기회가 된다. 교도소에 있는 아이들의 상당수 특징에서 드러나듯이 놀이는 아이들에게 상어들의 놀이터라는 세상으로 나가기 전에 훈련소와 같은 기능을 키워주는 역할을 한다. 부모들의 눈으로 보면 전혀 쓸 데없는 짓처럼 보이지만 이를 통해서 아이들은 상호교류하면서 세상살이의 이모저모를 배우는 것이다. 마치 새끼사자가 무심코 장난치며 노는 활동을 통해 생존연습을 하는 것처럼 말이다.

08. **도덕교육, 가치교육**(소주제 참고)
09. **밥상머리교육**(소주제 참고)

인성교육을 위한 글쓰기
인성교육은 생명존중사상이다.
"이백 원 병아리, 생명이 장난감 될 수 있나"

다음은 인성교육의 핵심인 생명존중의 사상을 고양하기 위한 학교의 글쓰기. 아이들이 생명에 대해서 어떻게 생각하는지 그 실태를 알아보고 죽어가는 병아리를 통해서 다시 한 번 총체적인 생명존중사상 사람이나 동물이나 생명은 중요한 존재라는 사실을 각성케 하는 유용한 글쓰기 재료이다

수업이 끝난 학교 앞 인도는 초등학생 아이들로 인산인해를 이뤘다. 그런데 여느 날의 풍경과 뭔가 다른 흥분이 길거리에 가득했다. 약간 여유롭고 들뜬 여느 주말과는 다른 분위기에 주위를 둘러보니 짐작될 만한 물건들이 내 눈에 들어왔다.

삼삼오오 짝을 지어 걸어오는 아이들 중 한 명의 손에 노란 비닐봉투가 들려있었다. 그 안에서 들려오는 소리는 '삐약 삐약' 안쓰러울 만치 여리게 들려오는 병아리들의 울음소리였다.

"야!! 너는 몇 마리 샀냐?"

"나는 두 마리!! 너는?"

"나는 다섯 마리!!"

"와~~~ 좋겠다!!"

그러고 보니 골목마다 병아리를 자랑하느라 아이들의 입이 쉴 새가 없었다. 아이들은 병아리를 손에 올려 만지기도 하고, 시합을 시키기도 했다. 더 큰 병아리를 갖기 위해 가위바위보를 한 뒤, 바꾸는 아이들도 있었다.

한 아이에게 다가가 병아리를 어디서 샀냐고 물었다.

"학교 앞에서 어떤 아저씨가 팔아요. 한 마리에 이백 원이예요. 되게 귀엽죠?"

뽐내듯 대답하는 그 순수함이 병아리만큼이나 안쓰러웠다.(양계장에서 암수감별이 끝나면 수컷은 이렇게 팔린다.)

어릴 적 엄마를 따라 육지에 나갔던 동생이 병아리 두 마리를 사가지고 왔다. 동생은 슈퍼마켓에서 커다란 상자를 얻어와 병아리 집

 천로역정의 부모들

을 만들고, 종지기에 물을 담아 그 안에 넣어 주었다. '물 한 모금 마시고, 하늘 한 번 쳐다보고…'

한걸음 내디딜 때마다 그 작은 모가지를 주억거리는 모습이 얼마나 귀여웠는지 모른다. 밤에는 추울까봐 엄마가 귀한 손님 올 때만 내 주시던 방석을 몰래 꺼내 깔아주기도 했다. 하루 종일'삐약'거리면서 머루알 같은 눈으로 내게 눈을 맞추던 병아리. 잠자는 시간이 아까울 만큼 내게 많은 기쁨과 생명의 신기함을 가르쳐 주었다.

그런 병아리에게 나는 내 막내 동생 자리를 서슴없이 내어주었다. 그런데 병아리가 막내 동생이 된지 일주일 되던 날. 학교를 끝내고 집에 돌아오는데 마을 들머리에서부터 들리던 병아리 소리가 들리지 않는 것이었다. 그리고 집에 들어선 나는 축 늘어진 병아리를 보았다. 왜 죽었는지도 모른 채, 나는 병아리를 하얀 손수건에 싸서 뒷산에 묻어주었다.

그리고 병아리를 묻어준 그 때로부터 어느새 십수 년 세월이 흘렀다. 그런데도 나는 축 처진 채 눈을 감지도 못한 병아리의 모습을 여전히 잊지 못하고 있다. 병아리가 죽고 난 뒤 애완동물을 길러본 적이 없고, 병아리를 귀엽다고 느낀 적도 없다.

그리고 움직이는 모든 것에 호기심을 갖는 아이들에게 단 한 번도 움직이는 생명체를 자연학습이라는 이유로, 생태관찰이라는 명

목으로 사준 적이 없다. 그것들은 장난감이 아니기에…. 아니 그저 장난감 삼아 그것들을 대하기에는 장난감이 죽거나 사라진 뒤 아이들이 받을 충격을 막아줄 힘이 나에겐 없기 때문이다.

골목 안 아이들은 이제 병아리를 날리고 있다. 채 날개를 퍼덕거려 보지도 못한 채 땅으로 떨어지는 병아리를 아이들은 두 번이고, 세 번이고 하늘로 던져 올렸다. 애써 고개를 돌려야했다.

아이가 유치원에서 돌아왔다. 그리고 형들이 갖고 노는 병아리에 호기심을 보인다.

나는 다음날 교실에서 어제 학교 정문에서 본 것을 얘기하면서 어린 시절 추억을 끄집어냈다. "지켜주지 못해서 미안했다. 병아리야."

나는 울먹이는 목소리로 그렇게 부르짖었다. 그 날 아이들의 일기장에는 병아리에 대한 소중한 생명 사랑 이야기가 가득했다. 또한 아이들의 코 묻은 돈 몇 푼을 뺏기 위해 아이들 가슴에 생채기가 생기는 걸 주저하지 않는 어른들. 나와 같이 또 하나의 부모인 그들이 돈벌이를 구실로 아이들의 가슴을 더 이상 얼룩지게 하지 않기를 바란다.

창의적 사고는 21C 인재의 핵심
『뉴 키워드』이며 글로벌 가치다.

No method is a method.
창의적 사고를 가르치는 데 있어서는 무방법이 방법이다. – Smith

창의성은 새로운 것을 창조해 내는 능력을 의미한다. – 테리첼시

앞으로 다가올 새로운 오토메이션시대의 교육이
담당하게 될 가장 중요한 기능은 상상의 문제다.
– 오토메이션시대의 저자 리언 배그릿경

하나님이 우리에게 주신 것은 두려워하는 마음이 아니요
오직 능력과 사랑과 근신하는 마음이니
(딤후1장7절)

◀ 큐비즘의 선봉 피카소의 여인

더 깊게 파는 것,

두 번 보는 것,

실수를 감수하는 것,

고양이에게 말을 걸어보는 것,

깊은 물속에 들어가는 것,

잠긴 문밖으로 나오는 것,

태양에 플러그를 꽂는 것

- torrance(토렌스)창의력이란?

빌게이츠의 아버지는 아들이 하버드대라는 대학간판보다도 빌이 하고 싶은 일을 하도록 배려하고 지지했던 것 같다. 그런 가정 분위기가 어쩌면 창의력을 발산한 계기가 되었을 것이다. 많은 재산을 물려주면 아이는 결코 창의적인 아이로 자라지 못하고 또 큰 돈을 벌지 못한다는 말을 되풀이 하곤 했다. 빌게이츠 역시 자신의 자녀들에게 재산을 물려주지 않고 죽기 전에 99%를 기증하겠다고 공언하였으며 금세기에 가장 많은 돈을 기부한 인물이 되었다.

제인 구달 세계적으로 유명한 침팬지 연구가 제인구달 여사는 첫 돌이 지난 지 얼마 후, 그녀의 어머니가 사다준 장난감 침팬지를 가지고 논 것이 인연이 되어 리키 박사의 슬하에서 침팬지를 연구하여 세계적 권위자가 되었다.

폰 브라운 로켓을 발명하여 우주여행(달착륙)의 꿈을 이루게 한 폰 브라운은 네 살 때 생일선물로 어머니가 사다준 작은 망원경을 보며 꿈을 키웠다고 한다. 이와 같이 어린 시절 사물에 대한 민감한 의식, 진지한 감정, 호기심은 자라서 창의력의 씨앗이 되었다.

왜 창의성교육을 전 세계가 목말라 하는가? 

〈'다리 꼬지마, '라면인건가', '매력 있어', '못나니'라는 자작곡으로 2013년 4월 K팝스타2에 우승한 몽골남매의 이야기다.〉 기라성 같은 후보자를 제치고 거기다 비쥬얼은 기본이라는 가요계에서 우승한 이유가 걸작이다. 3대 기획사에서의 심사평은 개성이 넘치고 희소성 즉, 창의력이 넘친다는 게 그 이유다. 창의성은 과학뿐만 아니라 우리의 생활 문화 전반에서 언제나 필요한 것이고 숨어있는 그것을 모두가 원한다는 것이다.

토랜스(Torrance, 1983)에 의하면 아동은 선천적인 창의적 방법으로 학습을 한다고 말한다. 즉 2~3세 정도가 되면 아동은 질문, 탐색, 조작, 실험 등 자신의 독특한 방법으로 사물을 알아낸다는 것이다. 이들의 창의적 행동은 주위환경을 탐색할 때 호기심을 나타내는 행동으로 관찰될 수 있으며, 그들이 만들어 낸 상상적 이야기, 흉내 등에서도 나타난다.

21세기 글로벌시대의 특징은 정보화, 세계화. 개방화. 다원화이며 산업환경은 무한경쟁 그자체다. 이런 사회의 경쟁력은 한마디로 창의력이다. 창의성을 가진 경쟁력 있는 국가나 기업만이 이런 경쟁 하에서 생존 할 수 있다. 그동안 학교교육은 지식위주 주입식교육이었지만 이제는 지식을 스스로 찾을 수 있도록 하는 자기주도적 학습방법으로 변화되었다.

물고기 잡는 방법을 가르쳐 주는 것 그 실천적 행동변화를 일으킬 수 있는 싱크탱크가 바로 창의성의 핵심인 것이다. 세상이 어떻게 변화할지 아무도 모르는 이유는 바로 인간의 창의적사고의 결과에 따라 기술이 진보하며 그 진보에 따라 문화가 발전하고 인류의 복지에 이바지하기 때문이다. 창의력만이 인류의 기아와 질병, 환경, 그 밖의 문제를 해결하는데 가장 도움이 되는 열쇠라고 믿기 때문이다.

첫째, 생각하는 방법을 가르쳐 준다.

생각하는 방법으로는 문제 탐색 또는 해석하기(민감성), 문제에 대한 여러 가지의 아이디어를 떠올리기(유창성), 독특한 아이디어 떠올리기(독창성), 선택한 아이디어 변화주기(융통성), 아이디어 발전시키기(정교성) 등이 있다. 이는 창의적인 사고 기능을 촉진시키는 것으로 인지적 발달을 돕는다. 이러한 생각하는 방법은 아이가 독서, 토론, 노작, 언어구사, 생각, 관찰 등을 할 때마다 질문을 하여 아이의 답변을 유도해 나가면 질문에 대한 창의적 사고기능이 길러지게 된다. 즉, "이것이 무엇을 말하는 걸까?", "이 친구의 생각 말고 다른 생각으로는 어떤 생각이 있을까?", "더 기발하고 신기한 생각을 해볼까?" 등의 질문이 아이의 창의력 향상에 도움을 준다는 것이다.

둘째, 실수와 실패 교육에 대한 계획이 있어야 한다.

100점 지향, 합격 지향의 교육은 온실교육과 같아 좌절과 포기, 방향 전환의 성향을 가지기 쉽고, 실수와 실패로 단련된 마음가짐은 극기와 집념으로 발전하기 때문이다.

셋째, "해라.", "마라."식의 지시 명령형의 말을 줄인다.

조사에 의하면 하루 중 부모가 자녀에게 구사하는 언어 유형의 90% 이상이 지시, 명령형으로 이런 이야기는 아이들의 생각을 짧게 만든다. "예.", "아니오." 등으로 단순한 반응을 하기 때문이다. 또한 단순 반복이 계속 누적되어 생각할 기회를 차단하기 때문에 더더욱 조심해야 한다. 아이의 생각과 의견을 물어보고 표현하게 하고, 토론하는 자세를 가지게 하는 것은 생각의 깊이를 더해준다고 볼 수 있다. 예를 들어 "밥 먹어라!", "손 씻어라!" 대신에 "밥을 먹지 않으면 어떻게 될까?", "손을 왜 씻어야 할까?"와 같은 의문형 질문이 아이의 생각을 키우는데 도움을 주는 것이다.

넷째, 세상사에 관해 많은 경험을 시킨다.(특히 독서를 통한 간접경험)

다섯째, 인생을 풍요롭게 해주고 삶의 견인차 역할을 하는 꿈을 심어준다.

여섯째, 부모의 특성을 꾸밈없이 정확하게 전달한다.

일곱째, 노는 것도 교육이다.(조작놀이, 일인 다역 연극, 자연대상, 신체단련, 두뇌회전)

창의성은 21세기 교육의 최고의 화두

창의성하면 사람들은 아인슈타인 같은 천재과학자나 피카소 같은 특별한 재능을 가진 사람들만의 전유물로 여기고

천로역정의 부모들

있는 게 사실이다. 그리고 창의성 계발하면 어떤 복잡 난해한 체계를 가진 형이상학쯤으로 알고 있는 분도 있다. 과거에는 우리는 창의성이란 말 대신에 '궁리나 상상, 아이디어, 기발 난 생각'쯤으로 쉽게 불리어졌을 것이다.

가정에서 창의적 질문이나 행동에 대해서 보상해주고 자주 대화를 나누는 것도 중요하다. 사소하고 하찮은 것이라도 아이의 생각을 소중히 받아들이고 격려하는 자세도 중요하다. 부모와 함께 시장에 장을 보러가거나 여행을 가거나 TV를 볼 때도 늘 창의성을 의도하는 질문을 유도하여 신기하고 새로운 생각들로 뇌가 자극을 받을 수 있도록 하면 더욱 풍성한 창의력이 샘솟을 것이다. 글로벌 인재는 창의적이고 개성 넘치는 창의적인 존재가 되어야함의 또 하나의 이유는 대학이나 기업이 그런 인물을 선호하기 때문이기도 하다.

철학교육,
인성교육의 뿌리

예리한 추측, 풍부한 가정, 시험적 결론으로의 대담한 도약
– 이러한 것들이 활동하는 사상가의 값진 화폐이다.
그러나 대부분 학교에서 추측은 엄하게 다스려지고,
일종의 태만과 비슷한 것으로 여겨지고 있다. – J.S 브르너 교육의 과정

철학이 없는 교육은 말을 타고
단번에 사방으로 가려는 것과 같다. – 외국속담

지혜(철학)있는 자는 궁창의 빛과 같이 빛날 것이요
많은 사람을 옳은 데로 돌아오게 한 자는
별과 같이 영원토록 비취리라
(단12장3절)

고흐 작 "영원의 문"은 어딜까? ▶

이제 우리는 슬프지만 받아들이도록 하자.

그동안 우리는 바른 교육의 길을 잃어버린 것이다. 적어도 우리는 정상적인 교육의 길이라고 부를 수 없는 길을 걸어왔음을 솔직히 인정하자. 이 민족 거의 모두가. 교육의 출발지는 어디며 어디서부터 출발해서 어디로 가고 있는지 혹은 지금 내가 서있는 곳이 어딘지, 나름 목적지가 어딘지 우리는 교육목표에 대한 방향감각을 상실해 버린 것이다. 깊은 산 오솔길을 걷다가 길을 잃었을 때 어떻게 해야 할까?

우선 걷던 길을 잠시 멈추고 주변에 보이는 가장 높은 봉우리를 올라가야 한다.(깊은 성찰) 그곳에서 우리는 지금까지 온 길과 앞으로 나아가야 할 길에 대한 전망을 얻을 것이다. 지금 어디쯤 와 있는지 점검할 수 있을 것이다. 불행히도 더 많은 고개를 넘어야할지 모른다.

그렇지만 얼마나 다행스러운가?

주어진 힘을 안배하며 걸을 수 있다면 그렇게 힘 들이지 않을 테니까. 이것이 바로 철학의 힘이다. 교육에 철학이 필요한 이유다. 얼핏 보면 삶의 정상적인 길에서 일탈하여 쓸모없는 일을 하고 있는 것처럼 보일지 모르지만 철학은 내가 나중에 알게 될 것을 지금 앞에 보여주는 힘을 가지고 있다. 높은 산봉우리에서 자신을 살펴보았던 사람과 그렇지 않은 사람의 목적지를 향하는 방향이 확연히 다를 수밖에 없을 것

이다. 이 책 여러 곳에서 독자 여러분은 그 산봉우리를 때때
로 올라갔으면 하는 바람이다.

:: 철학공부는 쉽고 재미있는 이야기로부터 시작하라

고대 그리스신화에는 테세우스와 미노타우로스 이야기가
등장한다. 미노타우로스는 몸의 반은 사람이고 반은 황소인
괴물로 미궁 속에 갇혀 제물로 받쳐진 인간의 고기를 먹고산
다. 아테네 왕자 테세우스는 미노타우로스를 무찌르고자 나
섰지만 장벽에 부딪친다. 싸우는 것도 어려운데 한번 들어가
면 빠져나올 수 없다는 복잡한 미궁 때문이었다. 그러자 미노
스왕의 딸 아리아드네공주는 테세우스에 반해서 칼과 실타래
를 건네준다. 테세우스는 아리아드네 공주 덕분에 실타래를
풀면서 미궁으로 들어가 칼로 미노타우로스를 죽이고 실타래
를 감으며 무사히 빠져나온다.

이야기에서 아무리 복잡한 길일지라도 아리아드네의 실은
자신이 어디에 왔는지 알게 해준다. 테세우스가 미궁에 돌아
다닐 때 일은 테세우스 혼자서 해야 한다. 마치 철학공부를
하는 학생이 스스로 문제해결을 생각하는 것처럼 '탐색하기',
'내버려두기'와 같은 과정이다. 테세우스이야기는 부모는 항
상 내가 너무 깊이 개입하는 것이 아닐까 자신에게 물어봐

천로역정의 부모들

야한다는 사실을 알려주는 철학적 신화다.

글로벌리더가 될 수록
큰 철학이 있어야한다.

01. **'로댕의 생각하는 사람'이 철학의 첫 걸음**
    어린 링컨은 어렸을 때 보았던 노예가족이 돈에 팔려 통곡으로 헤어짐의 아픔을 몸소 느꼈기 때문에 훗날 노예해방의 선구자가 되었고 대통령에 이르게 될 수도 있었다.

02. **끊임없는 물음의 연속으로 철학의 첫 걸음을**

03. **철학은 청소년 시기의 인생과 학문의 푯대이다.**
    청소년 시기부터 깊이 있는 인물로 성장하는데 철학만한 학문은 없을 것이다.

04. **철학은 지·정의가 조화된 인성교육 그 자체이다.**
    추론이나 판단, 비판적 사고를 중시하는 철학교육은 공동체 정신, 사회성, 배려 등의 덕성을 겸비해 나가는 것이 필수적이다. 철학교육과 인간교육의 조화점을 찾으려는 노력은 아동철학공부에서 가장 중요한 핵심이다.

05. **철학교육은 학습과정을 혁신한다.**
    예를 들어 소크라테스 대화 토론 방법을 학습에 활용하면 학습과정에서 참여하는 기쁨과 토론의 논리성을 배가하여 학습과정을 보다 진지하고 심도 있게 이끌어 갈 수 있는 학문이 된다.

초등학년에게 적당한 철학적 물음

01. 왜 사람은 사나요?, 왜 병이 드나요?, 언제 죽나요?

02. 태양이 지구와 너무 가까워지면 지구 사람은 뜨거워 죽고, 멀리 떨어지게 되면 추워서 죽는다. 언제까지나 태양은 지구와 일정 거리에 떨어져서 우리를 위해 도와주는 이유는 뭘까?

03. 우주의 넓이는 얼마나 될까?(아인슈타인에게 어머니가 들려주던 문제 쪽지 내용)

04. 왜 선생님은 눈에 보이는 물체나 물질보다 눈에 보이지 않는 것이 더 중요한 게 많다고 하며 그걸 강조하세요? 눈에 안 보이는 것은 무엇이 있나요? 예) 사랑, 믿음, 기쁨, 용서, 천국, 지옥 등

그 외 개미는 왜 살까? 똑같은 강(물)에 두 번 들어갈 수 있을까? 테세우스의 배, 미다스의 손, 개구리와 전갈, 피라미드의 그림자 (높이재기)

※ 수준에 맞게 조절하여 질문을 하면 부모님이 생각하지 못한 기발한 해답이 나올 거예요.

대학생들이 왜 철학 강의실에 몰릴까

미국 하버드 대학에서 한동안 가장 인기 있었던 강의는 한동안 마이클 샌들 교수의 정치철학 강의였다. 다 합쳐야 7,000명이 안 되는 하버드 대학 학부생 중에서 수강생이 800명에 이르렀다. 이 강의의 주제는 정의로운 세계를 만드는 관점과 방법의 도덕적 토대다. 하지만 관념이 아니라 현실을 다룬다.

플라톤, 로크, 밀, 칸트 등의 고전을 읽고 그들의 철학이 지금 여기의 현실 세계에 어떻게 작용하는지 강의하고 토론한다. 소득 불균형, 대리모, 동성애자 결혼 등 사회적으로 예민한 주제를 놓고 학생들은 열띤 토론으로 강의실을 달군다.

애플 컴퓨터의 창업자인 스티브 잡스가 좋은 예다. 매킨토시 컴퓨터를 만들어 내 컴퓨터를 대중화 시켰던 그는 그 후 아이팟으로 세계를 석권하여 젊은이들이 그의 옷 입는 것까지 모방할 정도로 우상이 된 적이 있었다. 돈이 없어 리드 칼리지를 다니다 말았지만 그는 플라톤, 호머로부터 시작되어 카프카에 이르는 그 대학의 고전 독서 프로그램이 애플 컴퓨터의 오늘을 만든 힘이라고 말하면서 거액을 기부했다.

스티브 잡스는 그 학교에서 동양철학을 깊이 공부했다. 매킨토시 컴퓨터와 아이팟의 디자인 감각은 대학 시절의 서예 강좌에서 배웠다고 실토했다. 그는 윌리엄 블레이크의 시에 깊이 빠져 든 적도 있다고 했다.

스탠퍼드 대학 졸업식에 청바지를 입고 나와 연설한 스티브 잡스는 축사에서 이렇게 말했다. **"인생은 단 한 번뿐이다. 남의 인생을 살지 마라. 너의 목마름을 추구해라. 바보 같아도 좋다."** 바로 이런 태도가 대학에서 철학을 공부하게 만들고 인문학 강의를 듣게 만든다. 자녀를 훌륭한 사람으로 만들려거든 어려서부터 남다른 철학이 필요하다. 위인들의 삶이 바로 그렇다.

**동양에서 삶의 철학을
일찍이 모범을 보인 부모가 있으니
바로 맹모의 단교지기이다.**

맹자는 어려서 요즘으로 치면 기숙학원 같은 곳에 가서 학문을 닦고 있었다. 그런데 중도에 그만두고 집으로 돌아왔다.

천로역정의 부모들

짐작컨대 그의 질문내용으로 보아 유치원 원아정도인 것 같다. 그때 베를 짜고 있던 어머니가 물었다. "배움은 어디까지 이르렀느냐?" 맹자의 "그저 그렇습니다."라는 대답이 떨어지자마자 그의 어머니는 칼을 집어 들어 베를 잘라버렸다. 크게 두려워하며 맹자가 물었다. 그녀가 말하길 "네가 배움을 도중에 그만둔 것이나 내가 짜던 베를 마치지 못하고 끊어버리는 것과 같다.

무릇 군자는 배워서 바른 이름을 세우고 물어서 지식을 넓혀야 한다. 이제 와서 공부를 그만두게 되면 하인신세를 면하지 못하고 재난에서 떠날 수 없다. 남자가 덕 닦을 일을 게을리 하면 도둑질 아니면 남의 종노릇을 하게 된다."(유태인속담 : 일을 가르치지 않은 자식은 도둑질을 가르치는 것이다) 맹자의 어머니는 어머니의 도리가 무엇인지 알았다. 뿐만 아니라 아들이 충분히 깨 닳기 위하여 베틀을 학문과 비유하는 놀라운 사물의 이치를 응용한 것이다. 여러 번의 훈계보다도 통 크고 대범한 그래서 여성이라기보다는 사내대장부다운 넓은 배포에 저절로 고개가 수그러진다.

체험학습, 가장 확실한
발 빠른 선행학습

사람이 성장하는 데는 대체로 천품,
체험(환경), 교육 이 세가지가 결정 지운다. - 소설가 박경수

마땅히 행할 길을 아이에게 가르치라
그리하면 늙어도 그것을 떠나지 아니하리라
(잠22장6절)

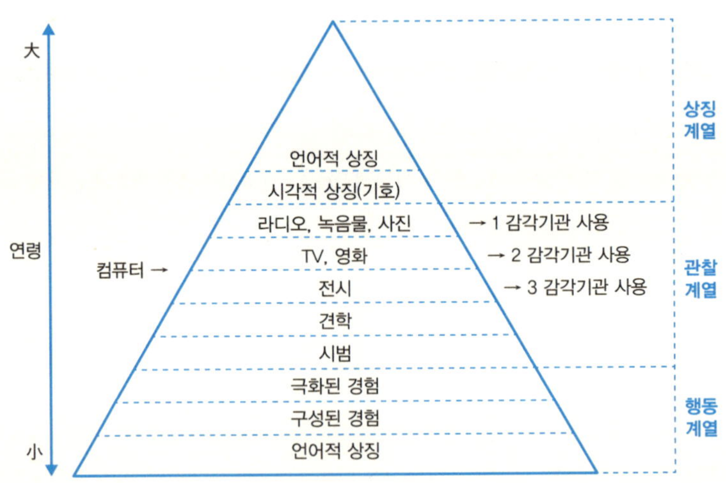

　좌측의 표는 연령의 변화에 따라 가장 효과적인 교육 경험방법은 '어떤 것인가'를 설명한 것으로 나이가 어릴수록 실물형태의 직접적인 자극의 제시가 효과적이라고 하는 이론이다. 즉 체험학습의 효과를 말하고 있다. 물론 나이가 많아질수록 언어적 상징이 필요하다. 왜냐하면 알아야 할 지식과 정보가 증가하기 때문에 그림형태로는 그 많은 지식과 정보를 저장할 수 없기 때문이다. 그래서 유치원단계는 여러 가지 감각기관이 최고조로 왕성하고 특히 두뇌발달의 절정기여서 체험학습은 아이의 장래기억과도 깊은 관련이 있다. 상당수의 우수한 인재들은 벌써 이시기에 충분한 체험을 통해서 자신의 적성과 능력을 돋보여 주고 있다. 그런 의미에서 방학이나 주말은 이시기에 최적의 활동시간이다.

유치원~초등 저학년에서 
체험 학습이 많이 필요한 이론적 배경

　체험학습은 어릴수록 기억에 오래남고 장기저장 되므로 아이가 저학년 일수록 여러가지의 체험학습은 큰 도움이 된다. 체험학습은 아동기(헤비거스트 6~12) 발달의 특성에서 또는 피아제의 구체적 조작기(6~11)와, 형식적 조작기(12세 이상) 해당된다.

따라서 이 시기의 아동에게 사물과 환경을 인식하는 능력이 탈 중심화(탈집중화, 분산)의 복합적 사고의 시기이므로 직접 경험과 발견학습이 취학전의 유치원 과정에 많이 적용되어야 한다고 주장(피아제)했다.

체험학습이 효과적인 또 하나의 이유는 앞에 제시한 데일(dale)경험의 원추모형에 있어서 지식의 추상화(경험의 원추) 첫 단계에 있어서 꼭 필요하기 때문이다.

아이가 예술의 전당에서 피카소 그림 전시회를 보았거나 오페라 극장에서 미운 오리 새끼를 관람한 경우 그런 예술행위는 소중한 경험으로 나이에 따라 행동계열→관찰계열→상징계열로 각기 다르게 저장된다. **훗날 학교에서 학습 시 이런 경험이 많은 학생일수록 쉽게 뇌에서 정보를 인출하기가 쉬워 학교 공부에 크게 도움이 되고 성적도 오르게 되어 있다.**

 천로역정의 부모들

생태체험, 집에서도 할 수 있는 기초체험학습

01. 나뭇잎을 이용해 예쁜 발 만들기

1년 내내 똑같은 커튼 대신 가까운 산에서 주워온 솔방울, 나뭇가지, 나뭇잎 등으로 아이들과 함께 유리창에 달 예쁜 발을 만들어보자. 자연 속에서 볼품 없던 소품도 멋진 작품으로 활용될 수 있다는 것을 배울 수 있다.

02. 아이와 직접 채소를 길러보기

"올해는 아이와 어떤 식물을 심을까?" 함께 의논해보자. 직접 장에 나가서 씨앗과 모종을 사서 텃밭에 심어보고, 함께 물과 거름도 줘보자. 또 앞으로 물은 누가 어떻게 줄 것인지 순번을 정해 아이에게 책임감을 심어주자.

03. 엄마와 함께 식물도감 만들기

아이와 모종을 사는 날부터 시작해 식물도감을 만들어보자. 직접 아이들 눈으로 식물이 자라는 모습을 그림이나 사진으로 기록해 남긴다면 각각 식물의 특징을 관찰할 수 있어, 아이들 과학 공부에도 도움이 된다. (방학과제물, 과학경시대회출전시, 특목고입학시전형자료)

04. 자연 염색해 보기

색깔 있는 식물 등을 이용해 옷에 물을 들여 보자. 집에서 쉽게 구할 수 있는 양파껍질을 따로 모아 두었다가 물과 함께 오랜 시간 끓인 후, 그 물에 아이들 낡은 옷을 염색해 보고 느낌을 서로 얘기해 본다.

05. 색종이를 활용해 동식물을 표현해 보기

생태학습 프로그램 중 풀잎공예란 것이 있는데, 집에서도 쉽게 따라할 수 있다. 색종이를 이용해 나비, 메뚜기, 개구리 등을 만들어 보고 집안에서 직접 기른다는 생각을 하고 곳곳에 양면테이프로 붙여보자.

06. 전통음식 만들어 보기

산에서 딴 꽃, 텃밭에서 기른 상추, 쑥갓 등으로 각종 음식을 아이들과 함께 만들어 보자.

07. 강낭콩관찰, 햄스터 길러보기

강낭콩은 식물 관찰 시 매우 유용한 재료로서 교과서와도 관련되어 있고 또한 자연의 신비를 맛볼 수 있다. 이런 경험은 학교에서 관찰 학습시 자신감을 가질 수 있게 도와준다. 햄스터는 대표적인 애완동물로서 인간과의 교감, 생명의 소중함, 근면성, 정신건강 등에 매우 큰 도움이 될 것이다.

새 학교문화 창조에서 체험학습을 특별히 강조하는 것은 그간의 학교교육이 지나치게 삶의 현장과 동떨어지고 메마

 천로역정의 부모들

른 지식의 전달에 그치고 있다는 반성 때문이다. 그간의 입시위주의 교육은 객관식 지필 고사에서 다루기 힘든 정의적 내용이나 삶의 여러 현장을 체험함으로써 얻게 되는 인격적 지식을 소홀히 해왔다. 이런 교육의 결과, 많은 것을 알기는 하지만 삶의 과정에서 느끼는 문제를 스스로 해결할 수도 없고, 다른 사람을 존중하고 배려하는 성숙된 인격을 기대할 수 없는 인간들이 길러졌다.

그 밖에 집에서 실험해볼 수 있는
훌륭한 과학 공부들

가정 특히 부엌에서 할 수 있는 과학 공부로는 에너지분야(자석놀이, 온도재기, 전구놀이, 거울, 렌즈, 전자석), 물질분야(고체, 액체, 기체의 변화과정), 혼합물 분리하기, 녹이기 가루물질, 소금물, 생명분야(어항에 금붕어 키우기, 꽃과 열매관찰, 주변의 생물 관찰), 지구분야(돌과 흙, 암석, 별자리, 지층, 일기예보)다. 전천후로 제약받지 않고 할 수 있는 최고의 체험학습 및 실험실은 부엌이다.

학습법 : 30종 공부방법
날마다 진화하는 그를 잡으라.

공부는 자기가 하는 것이고
결국 그것은 끊임없는 자기와의 투쟁의 과정이다. – 윤태림(尹泰林)

가장 효율적인 공부 방법은
뇌과학의 추가 발견이다. – 본문에서

지혜 있는 자는 듣고 학식을 더할 것이요
명철한 자는 모략을 얻을 것이다.

(잠1장5절)

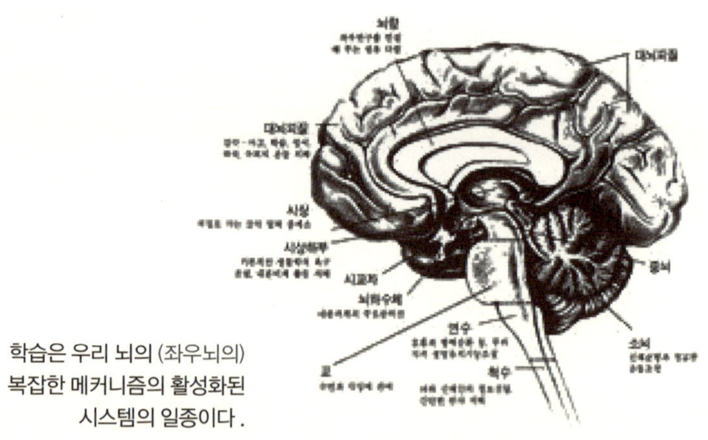

학습은 우리 뇌의 (좌우뇌의)
복잡한 메커니즘의 활성화된
시스템의 일종이다.

천로역정의 부모들

〈 **최신 검증된 중요 학습법들**(공부기술, 공부방법) 〉

1. 오답 노트	2. 페이퍼 학습법
3. 파워 학습법	4. 5차원 학습법
5. 다니엘 학습법	6. 헥사 학습법
7. 동양의 사상체질 학습법	8. 초 학습법
9. 마인드맵	10. NIE
11. NLP	12. 하버드스타일
13. 유형별 학습법	14. 수첩 학습법
15. 퇴계 이황 학습법	16. 백순근 학습법
17. 가지치기(연상)학습법	18. 수면학습법
19. 느림보 학습법	20. 황금복습 주기율법
21. 블록학습법	22. 전뇌(테니슨)학습법
23. 아이젠하워 법	24. 문제해결력의 기적
25. 해마학습법	26. 코넬식 노트 필기법
27. 그물망학습법	28. 인지심리 4단계법
29. 토론(유대인교육)학습법	30. 자기주도적 학습법

학습(공부)은 자기 자신과의 싸움이며 동시에 시간과의 싸움이다. 누구에게나 공평하게 주어진 24시간을 어떻게 잘 사용하느냐의 여부가 학습의 가장 큰 과제다. 누구나 이 문제에 대해서 자유로울 사람은 없다. 과거 머리가 좋았던 사람만이 누렸던 공부결과가 이제는 어느 정도 지능을 가진 사람은 누구나 도전해 볼 가치가 있게 바뀌게 된 것도 학습법의 진화 때문이다. 학습법에 대한 역사로는 서양에서는 소크라테스 토론법이며, 동양에서는 공자가 논어에서 했던 토론이 그 효시가 될 것이다.

 언제 복습하는 것이 가장 좋을까?

최근 들어 공부방법 즉, 학습방법(협의의 뜻은 기억방법)에 두뇌과학이 도입되었다. 특히 학습법과 두뇌의 기억중추와의 연계측면에서 획기적 변화가 더욱 더 학습법의 발전에 효과를 가져오고

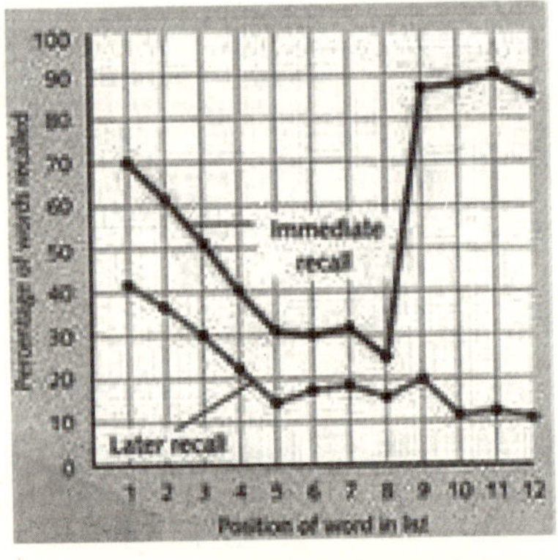

천로역정의 부모들

있다. 학습법은 수요자(학습자)를 중심으로 꾸준히 발전되어 오고 있다.

특이한 점은 사람마다 공부 방식이 다르긴 하지만 뇌의 기능과 관련해서는 상당히 일치하고 있다. 예를 들어 뇌의 속성을 잘 알고 공부하는 경우(기억과 건망증 해마의 역할) 일관성 있게 나타났다고 발표하고 있다. 따라서 학습자는 시간 관리나 (반복간격, 횟수, 비율, 시간) 자기스타일에 맞는 공부방법이 어떤 것인지 찾아서 자기 것으로 만드는 것이 효과적이다.

날마다 진화하는 최신 학습법들 

:: 왜 학습법이 필요한가.

학문이나 기술을 배우고 익히는 과정 중에서 학습 경험이나 연습의 결과에 의해 일어나는 비교적 지속적인 행동의 변화가 학습(learning)이다. 누구에게나 똑같이 주어진 절대시간 내 누구의 변화가 가장 큰가를 측정하는 것이다. 쉽게 말해 평가인 셈이다. 전에는 그저 열심히만 하면 성적이 올라갔다고 한다. 그러나 지금은 학습자끼리 경쟁이 치열하여 누가 동일한 조건하에서 최대의 성과를 가져올 것인가 하는 것이 바로 학습법_(공부기술)의 핵심이다.

이러한 공부 기술은 배우고 익히면 시험 성적의 노이로제에서 벗어날 수 있고 남는 시간에 취미활동, 여가활동을 할 수 있다. 좋은 성적으로 목표하는 학교에 입학할 수 있기 때문에 최근 들어 공부 기술이 크게 각광을 받고 있다. 공부기술은 어떤 간단한 요령이 아니고 그 밑바닥에는 깊은 과학성이나 합리성이 깔려 있다고 보는 것이다. 앞장에 소개한 30여종의 학습방법은 소개로 그치고 보다 상세한 것은 원저자들이 직접 쓴 책을 참고하기 바란다.

여기 소개하는 총 30여 가지 학습법은 저자의 학술서가 있으며 국내외 소개된 검증되고 가장 널리 사용되고 있는 최근 학습 기술들이다. 자기에게 맞는 학습법이 어느 것인지 또는 어느 것이 자기에게 잘 맞을 것인지 또는 수학, 영어공부에는 어떤 학습법이 잘 맞는지 고려하여 활용한다면 최단 시간 학습의 효과나 능률을 올릴 것이다.

:: 30 자기주도적 학습법

21세기는 지식을 많이 알고 있는 것보다 있는 지식을 활용하고 새로운 지식을 창출해 내는 능력을 발휘하는 창의적 인재를 요구한다. 이러한 인재가 갖추어야할 가장 중요한 요소는 스스로 주도적으로 학습하는 능력이다.

〈자기주도적 학습유형 4단계〉

1단계　공부할 마음이 없고 방법도 모르기 때문에 노는 것이 우선인 단계

2단계　하면 잘할 수 있지만 공부하는 게 싫어서 숙제만 대충하는 단계

3단계　공부할 마음은 있지만 어떻게 해야 할지 몰라 과제만 하는 단계

4단계　스스로 공부 습관이 되어있어 과제와 내가 해야 할 공부가 무엇인지 스스로 찾아서 하는 단계다. 각 단계에 맞는 공부 방법을 찾아 수업전략을 짜며 공부하는 방법이다.

이 공부법은 공부하기 전에 스스로 치밀한 계획을 세우고 동기를 부여하며 공부하는 중에 지속적으로 목표를 확인하는 학습법이다. 예를 들어 수학이 다른 과목에 비해 떨어지면 수학 기본 쌓기를 하고 두 달간 수학학원에 다닌 다음 실력향상에 대한 평가를 해보고 다른 공부방법을 찾아보는 것이다.

이 방법은 한마디로 글로벌시대가 요구하는 창의적사고와 자기주도적 학습능력을 갖춘 인재양성을 위해 도입된 것

으로 초등학교부터 실시하고 있다. 다만 고등학교의 경우 학생선발방식의 자기주도적 학습전형으로 최근에 더욱 주목받고 있다. 2011년부터 외고, 국제고, 과학교 등 특수 목적고와 그 후 일부 자립형사립고, 공립고, 일반고까지 도입이 확대되고 있다. 중학교 내신 성적 뿐 아니라 학습계획서 교사 추천서 등의 자료를 활용, 사교육을 받지 않고 자기 주도적으로 충실하게 학습한 학생이 원하는 학교에 들어갈 수 있도록 한 제도이다.

 천로역정의 부모들

04

자녀와 부모를 불안케 하는 21세기 블랙홀

♥♥♥

학교, 폭력, 왕따, 스마트폰 게임 중독 등등 자고나면 무서운 일들이 빈발한다. 밤사이 안녕했는지? 물어야할 판이다. 문명의 이기가 자녀와 부모를 행복하게 하기는 커녕 오히려 그들의 영혼을 무너뜨리고 있다. 과연 비상구는 없는 것일까?. 엄마가 사준 스마트폰으로 수업시간 내내 스마트폰 화면을 쳐다보는 내 아이가 과연 공부를 잘할 수 있을까?

우리 이대로 가다가 스마트폰으로 모자 함께 모두 병원신세를 져야 할 판이다. 대책은 없는 것일까?

학교의 영원한 미완의 과제, 부모의 악몽

비폭력은 우리시대의 모든 도덕적 정치적 난문제의 해답입니다.
즉 인간은 억압과 폭력에 호소함이 없이
억압과 폭력을 극복해야할 필요가 있습니다.
인간은 모든 인간의 갈등을 해결하기 위하여
보복과 침략과 복수를 거부하는 방법을 발전시켜야 합니다.
이러한 방법의 기초는 사랑입니다. – M.L 킹 2세 노벨평화상 수상연설

주는 미쁘사 너희를 굳게 하시고
약한 자에게서 지키시리라
(데살후3장3절)

학교폭력은 평생의 트라우마를 가져온다

학교폭력 사례

:: **사례 1 물고문까지 당한 중학생, 7층 아파트서 투신자살**

피아노 의자 위에 엎드리게 해놓고

몸에 상처를 내려 하다가 실패하자

팔에 불을 붙이려 했어요.

라디오 전기줄을 뽑아 제 목에 묶고 개처럼 끌고 다니면서

(과자)부스러기를 주워 먹으라고 했고….

– 〈 2011. 12. 23.〉 조선

같은 반 친구들에게 괴롭힘에 시달려온 중학생이 유서를 남긴 체 스스로 목숨을 끊었다. 2011년 12월 20일 대구시 수성구 한 아파트화단에 떨어져 있는 걸 경비원이 발견, 경찰에 신고했다. 유서 내용을 요약하면 매일 같이 돈을 요구했고 강제로 게임을 시키거나 담배도 피우게 했다. 단소로 때리고 물로 고문하기도 했다. 공부를 못하게 교과서와 문제집을 가져갔고 수시로 옷도 뺏어갔다. 피아노 의자에 강제로 엎드리고 칼로 상처를 내려하다가 실패하자 팔에 불을 붙이려 했어요. 라디오 선을 목에 걸고 끌고 다니며(개처럼) 과자를 먹게 했어요. 부모님 직장 갈 때 수시로 우리 집에 들어 와서…. "엄마 아빠 사랑해요."

※ 이 사건의 가해 학생 K군은 장기 5년 단기 4년의 징역형을 받았다.

전남지역 중소도시에 사는 초등학교 6학년 A군은 학교에서 친구가 한명도 없다. 이른바 전따(전교생이 1명을 찍어서 왕따 시키는 것)다. 체구가 왜소하고 내성적이어서 친구들과 어울리지 못한 A군은 3학년 때부터 서서히 따돌림을 당해왔다. 그렇다고 학생들이 A군을 때리거나 돈을 빼앗은 것은 아니다. 같은 반 B군은 "전따 새끼 혼자 또 어디 가냐?"라고 묻고 킥킥댄다. "A 면상 존나 구리지 않나? 가까이 가면 냄새가 난다."라고 수다를 떤다.

교과부 2012년 1~2월 전국 초중고 136만 6,799명에게 제출받은 설문조사 결과 학교폭력 경험이 있는 16만 7천명 중 30%가 협박이나 욕설을 당했다고 답했다.

– 조선2012.3

'이세미 바이러스'

A초등학교 6학년 남학생 박영호(가명)에게 11명 반 아이에 의해 붙여진 별명이다. 영호가 인터넷 카페에 얼굴을 기괴하게 바꾼 사진을 올리자 사이버 세계에서 여럿이 **현대판 조리돌림**(여럿이 1명을 공격하는 것)을 한 것이다. 세미가 학급문고를 만진 뒤 다른 아이가 만지면 킥킥대며 소리 질렀다. "그것 만

지지마, 세미가 만진 것 만지면 재수 없어, 손이 썩어.” 세미 엄마가 담임과 상담을 했으나 역효과였다. 전교생이 다 알 정도로 소문이 퍼지고 그 소문이 중학교까지 따라와 전따를 당했다,

피해자가 느끼는 충격은 강렬한 반면 가해자가 느끼는 죄의식은 희박하다는 것이 사이버 폭력의 특징이다. 옛날에는 일진에게 맞아도 집에 가면 혼자인데 지금은 집에 가도 일진이 수시로 문자를 보내 통제하는 통에 어찌 할 도리가 없는 기막힌 세상이 된 것이다. 엄마와 밥 먹다가도 ‘전화 늦게 받으면 1분에 1대’라고 해 수시로 휴대전화를 들고 뛰어나간다. 인터넷 메신저에 **“8시에 들어와 있으라.”**라고 하면 꼼짝없이 그대로 하지 않으면 여지없이 폭력세례를 당한다고 한다.

학교폭력에 대한 이해

:: 학교폭력, 초등생 때 처음당해 73%

청소년 폭력예방단체에 따르면 최근 전국 9,174명 초·중·고생을 대상으로 실시한 조사 결과 처음 학교폭력을 당

한 시기가 언제냐는 질문에 73%가 초등학교로 응답했다. 중학생 24%, 고등학교 3%였다. 이 조사는 2011년 12월과 2012년 1월 사이였다. 2010년 조사 결과는 초등이 54% 중등 41%, 고등 5%였다. 불과 1년 사이에 초등학교 때 학교폭력의 경험이 35%(19%포인트)로 급증한 것이다.

:: 폭력의 근원은 도대체 어디인가?

01. 부모의 태도

부모들이 자주 싸우고 폭력을 사용하거나 화를 잘 내고 공격적이며 상스런 언어를 사용하는 것을 보고 자라면서 그대로 행하는 것이다.(부부싸움은 자녀들이 없는 시간에 해야 한다.)

02. 자기주장 허용

단, 1살 반이 지나면 '싫어,' '아냐' 따위의 자기주장을 무조건 허용하면 나중에 자기 억제를 모르는 공격적 아동이 된다.

03. 열등감

학업부진, 음치, 지체부자유, 정신박약과 같은 감정 때문에.

04. 이기적인 경우

독단적, 자기중심적 경향의 아동은 사소한 불만이 있어도 파괴적 행동을 한다.

05. 호기심

호기심을 유발하는 물건을 탐색하다가 파괴적 행동을 저지른다.

06. 배출구

체력, 지력이 우수한 아동들 중 힘이 넘쳐흐르는 아동들이 이런 정열을 충분히 발산하지 못할 때 난폭한 행동을 취한다.

07. 시기심

동생이 태어나서 부모의 사랑을 시기함으로 또는 부모나 교사나 친구가 자기를 좋아하지 않는다고 생각할 때 난폭해진다.

08. 모방심리나 컴퓨터 중독

평소에 억압된 감정을 모방이나 호기심으로 폭발시킨다.

자녀가 학교폭력에 노출되어 있는지 여부를 알 수 있는 경찰청 자료를 살펴보자. 그리고 항상 공부가 아닌 여타의 이야기로 자녀에게 숨겨진 문제는 없는지 자주 확인하는 것이 최고의 예방법이다.

⟨ 학교 폭력 피해 11가지 증후 ⟩

01. 비싼 옷이나 운동화 등을 자주 잃어버리거나 망가뜨린다.

02. 몸에서 다친 상처나 멍자국을 자주 발견하게 되고, 넘어졌거나 운동하다 다쳤다고 대답하는 경우가 많다.

03. 교과서나 공책, 일기장 등에 '죽어라', '죽고 싶다'와 같은 폭언이나 자포자기 표현을 쓴다.

04. 용돈이 모자란다고 하거나 말 없이 집에서 돈을 가져간다.

05. 풀이 죽고 입맛이 없다고 하면서 평소 좋아하던 음식에도 손대지 않는다.

06. 두통, 복통 등 몸이 좋지 않다고 호소하며 학교가기를 싫어한다.

07. 자기 방에 틀어박혀 친구에게 전화 오는 것조차 싫어 한다.

08. 친구, 선배 전화가 자주 걸려오고, 난처한 표정으로 부모님을 피하여 자주 불려 나간다.

09. 갑자기 전학을 보내 달라고 한다.

10. 멍하니 있다가 뭔가 심각하게 골똘히 생각하는 경우가 많다.

01. 평소보다 갑자기 성적이 떨어진다.

– 경찰청 제공

이런 증후가 한 가지라도 나타나면 즉시 담임교사와 상담하여 협조를 구하고 자녀와 가장 잘 통하는 사람이 열린 대화를 통해서 문제를 밝히도록 해야 속히 해결할 수 있다. 특히 자녀의 소지품, 일기장, 하루일과, 얼굴표정 등은 중요한 단서가 되므로 평소 유심히 살펴볼 필요가 있다.

학교폭력을 당했을 때의 대처법
청소년폭력예방재단

만약 내 아이가 학교폭력 또는 왕따를 당했다면 어떻게 대처해야 할까? 피해 학생 부모의 심정이야 당연히 하늘이 무너지고 감정이 앞서게 된다. 그러나 아이를 위해 감정적인 대응보다는 좀 더 이성적으로 문제를 해결해야 한다.

일회적으로 폭행을 당했고 가해자를 모를 경우에는 우선 경찰에 신고하고 피해를 당한 장소를 피해 다니는 것이 좋다. 자녀가 불안해 하면 등하교시 부모가 당분간 동행한다.

왕따를 당했다면 스스로 극복할 수 있도록 도와주는 것이 필요하다. 자신을 왜 괴롭히는지 가해 학생에게 이유를 직접 물어보고 편지로 서로의 마음을 여는 방법도 좋다. 짓궂게

  천로역정의 부모들

대할수록 더욱 여유를 가지고 대처하는 것이 좋다.

　피해 사실을 알고 나면 먼저 학교로 달려가 가해 학생과 선생님에게 따지는 부모들이 많은데 이는 사태를 더욱 악화시킬 뿐이다. 가장 먼저 해야 할 일은 폭력에 대한 증거를 확보하는 것. **가해자의 인적사항과 언제, 어디서, 어떻게 당했는지 피해 자녀의 말을 뒷받침해 줄 물증을 확보**하고 주변 친구들의 증언도 들어두는 것이 좋다.

　법적인 문제로까지 갈 경우를 대비해 신경정신과나 외과 전문의의 진단서도 받아두는 것이 필요하다. 다음은 물증을 공개할 지를 선생님이나 외부 전문가와 상담한다. 학교마다 자치위원회가 있는데 이 곳에 신청한 후 도움을 받는 것도 좋다.

　담임교사의 입회하에 사안에 따라 가해 학생과 부모로부터 정식으로 사과를 받고 필요한 경우 치료비 등을 배상받아야 한다. 반드시 사건을 드러내고 진심어린 공개사과를 받아야 재발을 막을 수 있는 경우도 있다. 문제가 해결된 뒤에는 피해 학생과 가해 학생 모두 전문 상담소를 찾아가 상담과 치료를 받는 것이 좋다.

　또한 학교폭력은 피해자가 나중에 가해자로 변할 수 있음을 명심하고 스스로 그런 유혹에서 벗어날 수 있도록 가슴을 연 가족과의 대화가 최고다. 대부분 학생이 경찰조사에서 "장난으로 그랬어요."라고 말한다. 타인의 아픔을 생각하지 못하고 자신의 장난감처럼 상대를 폭력의 대상으로 삼았다는 것은 가정의 인성교육 부재 외에 뭐라 더 할 말이 있겠는가?

학교 폭력 관련 도움을 받을 수 있는 곳

:: 청소년폭력예방재단
www.jikim.net ☎ (02) 585-9128

:: 왕따닷컴
www.wangtta.com ☎ (02) 793-2000

:: 학교폭력국민대책협의회
www.ttastop.org ☎ (02) 325-2542

:: 학교폭력피해자가족협의회
www.uri-i.or.kr

:: 청소년위원회
www.youth.go.kr ☎ (02) 1388

:: 교과부 학교폭력 홈페이지
WWW. STOP Bullying. or. kr

:: 굿바이 학교폭력(유투브 스마트폰에 에플리케이션)

02

스마트폰, 모바일 중독
지금 6학년 교실에는 M세대가

그대를 사랑하는 것이
그대를 울리게 할 것이다. – 아르헨티나속담

너는 청년의 때 곧 곤고한 날이 이르기 전에
나는 아무낙이 없다고 할 해가 가깝기 전에
너의 창조자를 기억하라
(전12장1절)

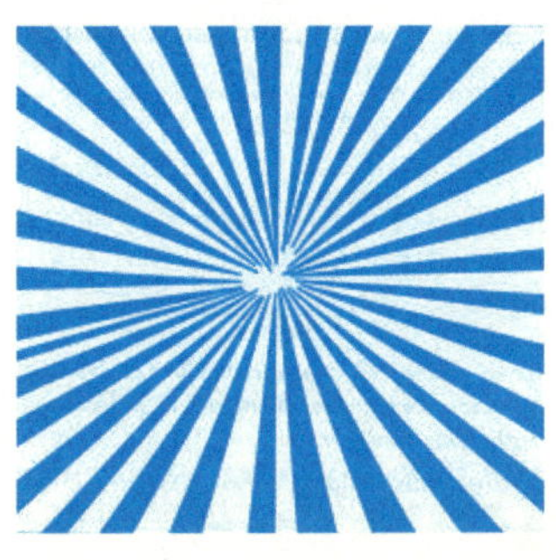

스마트폰 게임 중독 시
환각상태의 착시현상

스마트폰에 목숨을 배팅하는
청소년의 현주소

얼마 전 부산의 중학교 2학년 학생이 20층 아파트 베란다에서 몸을 던졌다.

"이번시험 정말 잘 치려고 엄청 노력했지만 뜻대로 안되었다.", "성적 때문에 비인간적인 대우를 받는 이 세상을 떠나기로 결정했다."라고 유서를 남겼다. 스마트폰을 갖고 싶었던 그 아이는 중간고사 성적이 오르면 사주겠다는 부모의 약속에 자기 나름은 최선을 다했지만 결국 원하는 점수결과를 얻지 못했다. 그는 "성적으로 사람을 평가하는 이 사회를 떠나고 싶다.", "한국이 왜 자살률 1위인지 생각해보라."라고 우리 어른들에게 뼈아픈 한 마디를 남기며 가엽게 떠나버린 그 아이의 마지막 외마디가 우리의 눈시울을 뜨겁게 한다.

"아이팟과 함께 묻어주세요."

그들의 소비는 욕망의 충족이 아니라 결핍을 메우는 것이며 현실의 살벌한 경쟁과 스트레스, 채울 수 없는 허무함을 달래기 위해 부모나 친구 선생님의 자리에 스마트폰이 자리하고 있는 것이다. 가정은 화만 내는 곳, 아빠는 공부, 잔소리만 하는 엄마가 지배하는 공간으로 자리 잡고 소위 그들의 말대로 짱 나는 곳으로 변해버렸다. 이것이 오늘날 한국청소년의 현주소 일지도 모르겠다.

손에 없으면 불안 37% 수업 중 몰래 문자 44%(수도권 1100명 설문 조사결과)

교사의 어지간한 뱃심으로 휴대전화 통제는 불가능하다. "내 것 가지고 내가 쓰는데, 왜 선생님이 간섭하느냐?"고 들이댄다. 쉬는 시간마다 스위치를 끄거나 켜는 것도 복잡하기 때문에 진동으로 두면 조용한 수업 중 **진동음이 교실을 진동한다.** 인터넷 중독이 개인에게 해당 된다면 모바일 사용은 학급 분위기를 망치는 **제1요소**가 된다. 어떤 초등학교에서는 담임교사가 스마트폰을 날마다 책상 서랍 속에 보관 중 분실했다. 그 교사는 타던 자동차를 팔아서 새 스마트폰을 변상하는 세상에 그런 유래 없는 일도 발생했다는 신문보도다.

교과부와 여성부가 서울초중고생의 스마트폰, 인터넷 사용실태를 조사한 결과다. 초중고생 170만 명중 24만 명이 스마트폰 중독, 10만 5천 명이 인터넷 중독으로 드러났다. 스마트폰 중독은 2011년 21.4%에서 2012년 64.5%으로 1년 사이에 3배가 늘어났다. 과다사용으로 가정불화, 일상생활, 학업의 장애, 왕따, 떼카, 학교안 폭력을 외부로 확장하는 등 심각한 문제점을 노출하고 있는 것으로 드러났다. 중독의심과 중독자측정을 통해 아이의 상태를 알아보자

 청소년 휴대전화 중독의 피해

01. 우울, 불안, 수면장애, 적응장애

02. 하루를 아침부터 휴대전화가 우상이 되어 잠자리까지 끌고 간다.

03. 밤늦게까지 휴대전화로 인해 수면 부족(현재 사용 않는 정상학생도 2시간 부족함)

04. 취미, 또래 관계 형성이 불가하고, 쉬는 시간에 게임에 몰두, 수업중 집중이 안된다.

05. 음란 콘텐츠(야설, 야사) 내려 받기 등 부작용

06. 친구를 왕따 시키는 정보의 통로로 쓰인다.

07. 혈액순환 장애(단속 반복증후군, 어깨 통증) 발생

08. (영국정부) 전자파가 뇌에 흡수되어 면역 저하를 이유로 16세 이하 사용 자제를 법제정

천로역정의 부모들

　　모든 자녀가 다 스마트폰을 원하지만 부모와 원활한 관계에 있는 초등학생이라면 몇 번 조르다가 포기하기도 할 것이다. **네가 만약 이 폰 때문에 공부에 지장을 가져오면 없앤다고 약속한다면** 자녀들은 다른 아이들의 경우를 들어 반항할 수도 있다. 그러므로 쉽게 결단 할 성질은 아니다. 특히 성적이 저조한 아이일수록 스마트폰을 욕구해소의 유일한 탈출구로 사용할 수 있으므로 이 점을 염두에 두고 구입여부를 잘 판단해야 할 것이다. 내가 아는 상당수 모범생들은 고등학생임에도 휴대폰 없이 잘도 지낸다. 특히 예술가적이며 충동을 잘 참지 못하고 다혈질인 아이일수록 절제하기가 힘들기 때문에 구입 시 철저한 약속이 필요하다. 불가피하게 구입 시 아래의 3가지 기본적인 약속을 지킬 수 있도록 서약서 같은 것을 받아두는 것도 생각해 볼 일이다.

01. 가족이 모이는 가족시간에는 스마트폰을 잠시 꺼둔다. 그리고 부모는 자녀들의 이야기를 들어주고 대화한다.

02. 아이들이 잘 때는 스마트폰을 부모 방에 보관한다.(단, 중고생은 꼭 필요한 경우 사용하고 다시 제자리에 두도록 한다.)

03. 통신사나 정부에서 제공하는 유해(600여개)차단 소프트웨어를 스마트폰에 설치한다.

스마트폰이 아이를
스마트하게 때려눕힌다?

　이처럼 휴대전화는 아이들의 안심귀가나 부모들의 통제 수단(특히 맞벌이 맘)으로 구입동기가 순수했지만 현실에서는 전혀 엉뚱하게 중독이나, 학습저해, 왕따, 떼카, 일진이나 학교폭력의 매개체 등 상상할 수 없는 방향에서 사용되고 있다. 성인의 경우도 가끔은 문자나 카톡이 왔는지 확인한다. 그러나 분별력이 없는 아이들이다 보니 성인보다 몇 갑절 수시로 공부시간에 확인할 것은 보지 않아도 눈에 뻔하다.

　아이들은 대부분 무분별한 사용으로 중독을 불러오고 학습에 지장을 초래할 것이다. 고3 같은 경우 어느 정도 자제를 한다지만 초·중학생의 경우 절제하는 것은 매우 어렵다. 특히 친한 친구가 가지고 있고 자신은 없을 때 대화가 되지 못함으로 오는 상실감이나 열등감은 당사자가 아니면 그 심정을 모를 것이다.(서두에 자살한 학생의 동기 역시 이런 종류라고 여겨진다.)

처음부터 사용시간을 정해서 철저하게 통제를 하거나 최소 요금제 같은 방법을 아이와 의논해서 중독에 이르지 않도록 할 자신이 없으면 아예 구입해 줄 필요가 없다고 전문가들은 말한다. 그만큼 이 문제는 아이에게 치명적인 문제를 일으키고 있음이 속속히 드러나고 있다.

그리고 스마트폰 중독과 게임 중독은 상당 부문 겹쳐서 나타나고 이 경우 현재까지 뚜렷한 치료방법은 없는 것으로 나타나있다. 첫 구입부터 부모와 사용 약속과 실천이 생명이다.

글로벌인재교육원은 아래 학부모(교사) 물음에 대한 통쾌하고 흥미있는 솔루션으로 만족을 드립니다.

신영백저자의 현장에서 체험하고 연구하며 얻은 명쾌한 강의

- 학교폭력, 왕따는 왜 정부의 대책 이전보다 줄어들지 않고 있습니다.
  수많은 학부모들은 자녀 학교보내기가 겁이 난다고 하는데 대책은 무엇입니까?
- 초등4학년 때 대학이 결정된다는 근거는 무엇이며 어떻게 해야 됩니까?

- 자원이 없는 우리가 살길은 창조경제와 신성장동력인데
  언제까지나 의대 아니면 법대 타령입니까? 사시생과 로스쿨생으로 변호사인력이 넘쳐 나고 있습니다.
- 학교는 인성대책을 밤낮으로 쏟아내건만 학생정신건강검사 결과치는 왜 이 전보 다 더욱 나빠집니까?
  가정에서 손쉽게 할 수 있는 인성교육방법을 소개합니다.

- 왜 학생들은 자기 재능, 꿈을 펼치지 못하고 부모의 대리성취의 희생재물이 언제까지 되어야 합니까?
- 왜 신앙인의 자녀들은 공부목적, 방법이 세상 사람들과 조금도 다르지 않습니까?
  (학부모를 위한 "성경인물과 자녀교육" 강의)
- 왜 대학 나온 엄마들은 책과 담을 쌓으면서 자식더러 공부하라고, 다그칩니까?
- 초중고생 스마트폰 중독, 게임중독 위험군이 무려 100만 여명이라 합니다.
  매 순간 스마트폰 보느라 공부를 못하겠다는데 도대체 엄마들은 왜 대책없이 그걸 사줍니까?
- 자녀교육은 교육민감기를 상실하면 큰 후회합니다.

주요 강의 제목

01. 글로벌아이들과 창조적부모의 역할

02. 학교폭력과 사이버세계에 물든 아이들 예방과 치료
스마트폰중독, 게임중독, 컴퓨터중독, 학교폭력, 왕따에서 탈출 및 치료법

03. 가장 한국적인 교육이 가장 세계적인 교육이다. 신토불이 우리교육 살리기
효사상(행)교육, 가훈, 예절, 인성, 아버지학교, 밥상머리교육, 우리전통문화교육

04. 이제부터는 글로벌인재를 향한 맞춤교육이다.
다자간소통교육, 창의인성교육, 글로벌리더십교육, 도덕지능, 사회성, 아동철학 기타

05. 성공한 자녀교육과 실패한 자녀교육의 갈림길에서 → 실패에서 성공으로
왜, 에디슨, 간디, 처칠, 헤밍웨이, 마틴 루터킹 목사의 자녀는 삶을 포기 했을까?

06. 크리스천 자녀교육 : 삼손의 부모 마노아, 다윗, 엘리 제사장 자녀교육의 허상?

07. 공부에 집중하지 못하고 상처받은 아이들 방치하면 심각한 후유증, 극복하기

08. 최근 새로 나온 학습법소개 : 공부도 이제부터 과학이다. 공부법30종 소개
학교 요청 시 시간 및 주제 조정 가능함, 최소 3일전 연락, 강사 : 학력, 경력은 뒷면참조

"큰 인물 뒤에는 위대한 부모가 있었다."

자녀교육에 관심 있는 학부모(특히 유초중고)와 더불어 자녀의 모든 교육에 관한 문제를 전문가와 함께 세미나 형태를 비롯하여, 강의, 분임토의, 사례발표, 상담 등 다양한 형식으로 교육현안을 해결함. 주 진행은 본 저서의 저자가 주관하며, 진행합니다.

예스, 키드맘 카페 강의 주제

01. 가장 한국적인 교육현안 주제

밥상머리교육 / 특기적성교육 / 매, 벌, 체벌 / 가훈 / 아버지학교 / 신앙교육 / 양성평등 / 효사상 / 전통문화(놀이, 음악, 민속) / 인성교육 / 한국식훈육방법 / 대화소통기술

02. 글로벌인재양성을 위한 주제

글로벌인재의 기준 / 글로벌리더교육 / 창의력교육 / 영재교육 / 조기유학 / 진로교육 / 도덕지능 / 다중지능 / 청소년문화 / 경제교육 / 사회성 / 가치(아동철학) / 독서습관

03. 자녀의 학습관련 문제

공부법(학습법30종) / 집중력(몰입) / 학습부진 / 학교성적 / 시험전략 / 공부습관

04. 종합 주제

맞벌이교육 / 결손가정 / 스마트폰 / 인터넷게임중독 / 왕따 / 학교폭력 / 영수공부 / 국내외 위인들의 자녀공부법 / 유태인교육 / 핀란드교육 / 사회성

※ 주제를 나타내는 대표어로 표기함)

◎ **학부모초청(무료)강의** : 매월 첫 1, 2, 3일 단, 주말이 겹칠 때는 그 다음 월요일 연기 오후 2~4시

◎ **누구나 무료 참관 환영** : 매 강의 종료 시 개별적인 상담도 무료로 진행함

◎ **특전** : 초급반 수료자에게는 ①초등수학연산2~6학년사용 교제 ②최신 30종류학습법 ③우리아이 공부 잘하는 방법, ④초등1학년의 학교생활 문제적응30제(해당부모) ⑤주 참관대상자: 유치원 및 초 · 중고학부모

"**국내유일 키즈맘 스쿨 운영** 초급반(5주) 심화반(5주) 매회당 2시간"
신청자의 과다 의해 해당 요일 변경가능

신영백 원장 학력   광주교육대학교 / 전남대학교 졸업 / 카운슬링 전문가과정(이화대평생교육) 지식정보화과정(카이스트,주관)

저서   천로역정의 부모들(가나북스) / 심리학통이 되는 책(번역서)

초등학교 근무경력   해남초등학교, 영암, 영광홍농, 전남영광 법성포초등학교 교감퇴임(명예)

사회경력   삼성그룹(생명)공채입사 교육팀장 12년

강의경력   공무원연수원, 삼성,현대 SK다수 / 강의제목 : 자녀교육관련, 카운슬링

글로벌시대의 부모교육의 요람

글로벌인재교육원
Global gifted edutor

상담 안내   **02) 581-8321 / 010-2684-8320**
http//blog.naver.com/sybag123

접수 및 강의처   서울 관악구 남부순환로 1915 신한빌딩 4층 잔피엘(1층에 이디야 커피숍) 지하철2호선 낙성대 역5번 출구에서 서울대방향 직선70M